Über die Autorin:

Susanne Fritzsche wurde 1965 in Langenhagen bei Hannover geboren. In der Schule war sie »nicht übermäßig motiviert«, verbrachte viel lieber ihre Nachmittage im Reitstall. Mit etwa zwölf Jahren begann sie Gedichte und Kurzgeschichten zu schreiben. Erst Jahre später reichte die Energie auch für längere Erzählungen.
Gleich nach dem Schreiben kommt für sie das Fotografieren. Lieblingsmotive sind – verständlicherweise – Pferde und ihr Hund Sammy.

Susanne Fritzsche

Wer kann, reitet mit

ENSSLIN & LAIBLIN VERLAG REUTLINGEN

Die Deutsche Bibliothek – CIP-Einheitsaufnahme

Fritzsche, Susanne: Wer kann, reitet mit / Susanne Fritzsche. - Reutlingen : Ensslin und Laiblin, 1997
ISBN 3-7709-0918-6

Umschlagillustration und Titeleivignette:
Gion Aquin, Kassel
Innenillustrationen und Zierlinie:
Steffen Walentowitz

Die Schreibweise entspricht den Regeln der neuen Rechtschreibung.

© **1997 Ensslin & Laiblin Verlag GmbH & Co. KG Reutlingen.**
Sämtliche Rechte vorbehalten, auch die der Verfilmung, des Vortrags, der Rundfunk- und Fernsehübertragung, der Verbreitung durch Kassetten und Schallplatten sowie der fotomechanischen Wiedergabe. Satz: ensslin-typodienst. Coverreproduktion: Schwetzinger Reproduktionstechnik GmbH, Schwetzingen. Gesamtherstellung: Westermann Druck Zwickau GmbH. Printed in Germany.
ISBN 3-7709-0918-6

Jede Menge Pläne

Es war ein warmer, sonniger Tag im Mai. Wir ritten im Schritt durch den Wald und ließen den Pferden die Zügel lang. Ich klopfte Westwind den braunen Hals mit der kurzen Mähne und freute mich über das herrliche Wetter und den schönen Ausritt. In den letzten drei Wochen hatte ich schwer unter den dicken Wolken gelitten. So was macht mich immer ganz niedergeschlagen.

Als ich heute Morgen aufgewacht war und die Sonne unter dem nicht ganz heruntergelassenen Rollo hereingeschienen hatte, war ich völlig ausgeflippt. Sonnenkoller. Wenn dann noch Samstag ist und man am Nachmittag ausreiten kann – das ist das Höchste.

Als der Weg breiter wurde, trieb ich Westwind etwas an und ritt neben meine Freundinnen Corinna und Anne. Anne beneidete ich sehr. Sie ist elf, ein Jahr jünger als ich, hat aber schon ein eigenes Pferd, Lilifee, eine siebenjährige zierliche Rappstute. Nur weil ihre Eltern mehr Geld haben als meine. Na, wenigstens ist Anne nicht von der hochnäsigen Sorte.

Corinna – meine beste Freundin – hat zwar kein Pferd, aber einen Hund, nämlich Micky, einen langhaarigen, schwarzen, mittelgroßen Mischling unbekannter Zusammensetzung.

Er durfte bei dem Ausritt mitkommen und flitzte ständig herum, vor und zurück. Ich seufzte innerlich. Wenigstens einen Hund könnten mir meine Eltern schon erlauben. Ich musste mir bei Gelegenheit mal eine Taktik ausdenken, wie ich sie überzeugen könnte.

Vielleicht so: He, Mutti, Paps, überall kann man lesen, wie positiv sich Haustiere auf Kinder auswirken. Ich finde, ihr solltet mal was für meine Psyche tun und mir einen Hund schenken.

»Ist das nicht traumhaft heute?«, meinte Anne gerade. Sie ist ebenso schmal und zierlich wie ihre Stute. »Ich könnte stundenlang weiterreiten!«

Das könnte sie allerdings, sie hatte schließlich ein eigenes Pferd. Corinna, Kathrin, Simone und ich ritten dagegen auf Schulpferden und die mussten in einer halben Stunde wieder im Stall sein.
»Reite doch allein weiter«, schlug Corinna auch schon vor.
»Ach nein, allein habe ich keine Lust.«
»Wo ist eigentlich Tini heute?«, fragte ich. Tini gehört neben Kathrin ebenfalls zu unserem Freundeskreis und hat auch ein eigenes Pferd.
»Tini muss mit ihren Eltern irgendeinen Verwandtenbesuch hinter sich bringen«, antwortete Anne. »Aber mal abgesehen davon, mit ihr könnte ich sowieso nicht ins Gelände reiten. Lebensgefährlich. Ihr könnt mir erzählen, was ihr wollt, aber Quinta hat einfach einen Schuss.«
»Sei doch nicht so gemein«, spottete ich. »Quinnie hat nur gerade ihre problematische Phase.«
Quinta, »Quinnie«, ist Tinis Pferd, eine dunkelbraune Stute, neun Jahre alt, sehr schön, aber leider wirklich mit einem leichten Dachschaden behaftet.
Mal ist sie völlig ruhig und wirkt wie ein ganz normales, zufriedenes Pferd. Dann ist sie wieder das Gegenteil: unruhig, nervös, lässt sich nicht mehr vernünftig reiten und wird immer aufgeregter und hektischer. Ich bin nicht sicher, ob ich Tini um die-

ses Pferd beneide. Sie jedenfalls hängt an ihrer Stute und hofft immer auf plötzliche Besserung. Jedes Mal wenn Quinta wieder normal wird, meint sie: »Ich glaube, Quinnie hat ihre Probleme jetzt überwunden.«

Sicher. Aber nicht für sehr lange.

»Zügel aufnehmen, wir traben gleich!«, rief Fichte uns zu.

Fichte heißt eigentlich Georg Tanner und ist unser Reitlehrer. Mit seinen dreißig Jahren ist er noch gar nicht so alt, er kommt uns nur immer so vor. Unnötig zu erwähnen, dass er von seinem Spitznamen keine Ahnung hat.

Wir nahmen die Zügel auf, ritten wieder in Zweierreihen und trabten an. Etwas später kamen wir auf einen breiten Weg und konnten galoppieren. Wie üblich hatten wir hinteren Reiter leichte Probleme die Pferde im Tempo zu halten, weil sie am liebsten überholt hätten und ständig zu dicht an den vorderen Pferden dran hingen. Trotzdem machte es einen Riesenspaß.

Als wir uns im Schritt dem Stall näherten, drehte sich Fichte zu uns um und meinte: »Kommt nachher bitte mal in die Sattelkammer, ich möchte kurz was mit euch besprechen.«

»Klar, worum geht's denn?«

»Abwarten.«

Ach ja, Fichte. Nur nichts vorher verraten. Die neugierigen Reitschülerinnen sollen ruhig ein bisschen zappeln.

Wir erreichten den Stall und versorgten die Pferde. Komischerweise gelang uns das heute viel schneller als sonst. Dann waren wir in der Sattelkammer. Alle. Nur Fichte fehlte.

»Wo bleibt er denn?«, stöhnte Kathrin. Ihre kurzen schwarzen Haare standen seit dem Galopp unkontrolliert in alle Richtungen.

»Typisch!«, murrte Simone. »Das macht er doch absichtlich! Wahrscheinlich ist ihm eingefallen, dass er Denny noch die Hufe waschen, den Schweif verlesen und die Mähne verziehen könnte.«

»Und einflechten«, ergänzte ich grimmig.

»Pst«, machte Anne. Und schon kam Fichte in die Sattelkammer.

»Na, alle schon fertig heute?« Er grinste scheinheilig in die Runde.

»Ist ja nicht jeder so langsam wie Sie«, murmelte Corinna. Fichte überhörte das großzügig.

»Also, was gibt's?«, fragte ich und versuchte, meiner Stimme einen leicht gelangweilten Klang zu geben. Leider nicht ganz erfolgreich.

»Es geht um den Umzug«, fing Fichte an. »Ich hatte euch letztes Jahr versprochen, dass ihr dieses Jahr mitreiten dürft.«

Der Umzug! Der jeden Sommer stattfindende, traditionelle Umzug zu den Höhlen von Schönach! Das hätten wir uns doch gleich denken können! Es waren gerade mal noch acht Wochen bis dahin. Wir sahen uns an. Alle Versuche, gelangweilt und desinteressiert zu wirken, waren zwecklos. Und schon brach das Chaos über Fichte herein.
»Oh, wirklich? Wen darf ich reiten? Wie lange sind wir unterwegs? Was ziehe ich an? Wo übernachten wir?« Und so weiter.
Fichte hob abwehrend die Hände. »Immer mit der Ruhe, Mädels! Der Reihe nach: Jeder darf sein Lieblingspferd reiten, Sabrina Westwind, Corinna Lemon, Kathrin Sahara, Simone Hamlet. Wir reiten einen Tag hin, der Ritt dauert etwa fünf, sechs Stunden, übernachtet wird in einer Scheune. Am nächsten Tag ist der Umzug, zweite Übernachtung, und am dritten Tag geht's wieder zurück. Die Kostüme bekommen wir vor Ort.«
Ich wäre Fichte am liebsten um den Hals gefallen, aber vielleicht hielt er nicht allzu viel davon. Endlich durfte ich auf den Umzug mit!
Der Umzug lockt jedes Jahr Tausende von Besuchern an. Die Mitwirkenden – zahllose Reiter und Fußgänger, alle in mittelalterliche Kostüme gehüllt und teilweise sogar mit Falken und Hunden unterwegs – ziehen durch den Ort hinauf zu den

Höhlen, in denen im Mittelalter angeblich eine Jungfrau verschwand, die erst durch einen tapferen Prinzen wieder befreit werden konnte.

Ich hatte diesen Festumzug bestimmt schon fünfmal gesehen, noch bevor ich mit dem Reiten angefangen hatte, und immer schon davon geträumt selbst einmal mitzureiten. Ich, als Prinzessin oder so, auf einem stolzen Rapphengst, der nervös durch die Gegend tänzelte. Natürlich wäre außer mir niemand imstande, dieses außergewöhnliche Pferd zu reiten.

Vor zweieinhalb Jahren durfte ich endlich reiten lernen, aber natürlich konnte ich nicht gleich auf den Umzug mit. Eine gewisse Beherrschung des Pferdes ist eben doch vonnöten.

Bei den anderen war es ähnlich gewesen. Lediglich Anne war letztes Jahr auf ihrer Lilifee mitgeritten. Da hatte uns Fichte dann versprochen, dass wir, wenn sich unsere Reitkenntnisse noch ein wenig verbessern würden, beim nächsten Mal auch dabei wären.

Und jetzt, endlich, war es soweit! Ich musste mich schwer zusammenreißen, um nicht vor Freude durch die Gegend zu hüpfen.

»Kommen alle Schulpferde mit?«, fragte Simone.
»Klar, an Interessenten mangelt es ja nicht. Anne, du reitest sicherlich auch wieder mit?«

»Aber ja doch.«

»Ihr könnt Tini ausrichten, dass sie auch mitkommen darf – sie könnte Granada reiten. Dass sie Quinta nicht auf diesen Ritt mitnehmen kann, ist ihr hoffentlich selbst klar.«

Da war ich mir gar nicht so sicher. Ich konnte mir Tinis Reaktion gut vorstellen: Quinnie hat ihre Probleme jetzt endgültig überwunden, wirklich. Ich sehe da überhaupt keine Schwierigkeit, dass sie mitkommt.

»Dann noch etwas«, fuhr Fichte fort, »ich möchte einen Kurs fürs Reiterabzeichen abhalten. Die Prüfung soll so im September, Oktober sein. Ich denke, ihr seid alle soweit, dass ihr es versuchen könnt. Wer hat Interesse?«

Alle sagten sofort zu. Ich natürlich auch.

Das Reiterabzeichen! Darauf hatte ich schon seit langem gewartet. Aber ich hatte mich nicht getraut, von mir aus darauf zu sprechen zu kommen: Du, Fichte, ich möchte das Abzeichen machen. – Du? Ha! Lern erst mal reiten! Du bist wohl größenwahnsinnig!

Aber wenn er es jetzt von selbst anbot – dann konnte ich doch nicht gar so schlecht reiten.

Die Anforderungen beim Kleinen Reiterabzeichen sind ja nicht allzu hoch. Wenn Westwind und ich nicht einen extrem schlechten Tag hatten ...

»Kann ich das Reiterabzeichen auf Westwind machen?«, fragte ich unvermittelt.
Westwind, der Fuchs ohne ein einziges Abzeichen – so langweilig, dass es schon wieder interessant ist, denn nicht viele Pferde haben überhaupt kein Abzeichen –, ist nicht nur mein Lieblingspferd, sondern auch das mit Abstand beste Schulpferd. Außer Lemon vielleicht. Ja, Lemon ist auch nicht schlecht.
»Sicher«, sagte Fichte. »Aber rechne damit, dass ihn noch jemand reitet. Ich muss schauen, wie viele Leute ich zusammenkriege. Im Juni etwa möchte ich anfangen. Ich werde das Ganze ans schwarze Brett hängen und dann werden wir mal sehen. So, das war's, ich muss noch ein paar Pferde bewegen.« Damit schnappte er sich Sattel und Trense und verschwand.
Endlich. Jetzt brauchten wir uns nicht länger wie vernünftige, halberwachsene Mädchen zu benehmen, wie man das immer öfter von uns erwartete. Wir brüllten, lachten, sprangen herum und quasselten alle durcheinander.

Die Story vom Hund

Als ich heimkam, saßen meine Eltern schon auf der Terrasse beim Abendessen. »Du kommst aber spät heute«, bemerkte meine Mutter leicht tadelnd. Ich ignorierte das. Fünf Minuten früher oder später essen, das war doch Pipifax. Ich durfte beim Umzug mitreiten und das Abzeichen machen, das waren wirklich bedeutsame Sachen!
»Ich darf dieses Jahr beim Umzug mitreiten«, verkündete ich. »Fichte hat es uns heute gesagt.«
»Tatsächlich?«, sagte meine Mutter. »Wie schön! Davon redest du doch schon seit Jahren. Da freue ich mich aber für dich.«
»Dann müssen wir uns den Umzug dieses Jahr schon wieder ansehen.« Mein Vater stöhnte in gespielter Verzweiflung. »Und wahrscheinlich willst du auch noch fotografiert werden.«
»Klar. Komm bloß nicht ohne Fotoapparat hin!«
Ich auf Westwind, in einem Prinzessinnenkostüm, meine langen blonden Haare wehten im Wind, meine grünen Augen leuchteten wie Smaragde, ein strahlendes Lächeln im Gesicht, Westwind stolz tänzelnd – Rappe oder Fuchs, das war doch egal –

und ungeheuer temperamentvoll, nur ich konnte ihn halten. Unzählige Gesichter sahen neidisch und bewundernd zu mir auf – das musste doch im Bild festgehalten werden!

Ich setzte mich und bekam das Strahlen von einem Ohr zum anderen nicht aus meinem Gesicht, nicht mal beim Essen. Fast hätte ich das mit dem Abzeichen vergessen. »Übrigens hat Fichte uns heute gefragt, ob wir das Abzeichen machen wollen. Im September oder Oktober ist die Prüfung.«

»Und?«, fragte mein Vater. »Willst du es machen?«

Ach, das war ihm nicht klar? »Aber natürlich will ich es machen!«

»Wird das nicht sehr teuer?«, meinte meine Mutter leicht zweifelnd.

Teuer? Sollte ich das Abzeichen vielleicht nicht machen, wegen fünf Mark oder so?

»Nein, nein«, wiegelte ich sofort ab, obwohl ich keine Ahnung hatte, wie Fichte das Ganze geplant hatte. »Mehr als die normalen Reitstunden wird es wohl nicht kosten.« Hoffentlich. »Die Prüfung kostet möglicherweise extra was, aber so viel ist das bestimmt nicht.«

Was redete ich da? Ich hatte keinen blassen Schimmer und sah mich schon vor meinen Eltern stehen: Ach, Mutti, Paps, tut mir Leid, mit den Kosten fürs Abzeichen habe ich mich leicht verschätzt, kostet

doch ein bisschen mehr. Könnt ihr mir tausend Mark geben?
»Meinst du denn, du schaffst es?«
Also, Paps, das grenzt ja schon an Beleidigung!
»Ich denke schon«, erwiderte ich nur und versuchte mir meine Empörung nicht anmerken zu lassen. Meinst du, du schaffst es!

Als ich später im Bad war und duschte, fiel mir das mit dem Hund wieder ein. Ich hatte meinen Eltern heute schon beigebracht, dass ich beim Umzug mitreiten würde und das Reiterabzeichen zu machen gedachte. Wenn ich jetzt noch mit dem Hund anfinge, würde sie das nicht überfordern? So viel an einem Abend?
Und wie sollte ich anfangen?
Mutti, Paps, ich will einen Hund.
Mutti, Paps, ich werde erst wieder etwas essen, wenn ich einen Hund bekomme.
Irgendwie schien mir das nicht die richtige Taktik zu sein.
Ha! Nicht ich will einen Hund – wir! Mutti, Paps, was meint ihr, sollten wir uns nicht vielleicht einen Hund zulegen?
Später konnte ich ihnen dann immer noch klarmachen, dass ich den Hund eigentlich nur für mich geplant hatte.

Was für Argumente könnte ich bringen? Mir fiel nichts Vernünftiges ein, außer dass wir den nötigen Platz und sogar einen Garten hatten. Der Hund als Beschützer? Bisher hatten uns noch keine zwielichtigen Gestalten belästigt, aber das konnte sich schließlich jederzeit ändern. Beschützer war gut. Und ich, als hilfloses Mädchen, wenn ich immer allein mit dem Rad in den Reitstall fuhr ... Ach nein, lieber nicht, nachher kamen sie noch auf die Idee, dass es zu gefährlich für mich sei allein in den Stall zu radeln und dass ich deswegen mit dem Reiten lieber aufhören solle.

Leider fiel mir nichts weiter ein, warum wir unbedingt einen Hund bräuchten. Letztendlich war es auch sinnlos, denn wenn sie keinen haben wollten, halfen auch die besten Argumente nichts. Ich würde eine passende Gelegenheit abwarten und einfach fragen. Zumindest hatte ich bisher immer den Eindruck gehabt, dass beide Micky recht gern hatten, wenn Corinna ihn mitbrachte. Es war also nicht völlig hoffnungslos.

Die passende Gelegenheit kam schneller als erwartet. Wir saßen abends noch vor dem Fernseher und sahen uns eine Tierarztserie an. Es gibt ja genug davon. Und schon kam ein Mädchen mit einem knuddeligen Welpen zum Fernsehtierarzt, der mit väterlichem Lächeln beide in seine Praxis bat.

»Ach, ist der niedlich«, sagte meine Mutter sofort. Ich zuckte zusammen. Jetzt oder nie! Ohne lange zu überlegen meinte ich: »Ich fände es schön, wenn wir auch einen Hund hätten. Ich habe schon oft daran gedacht.«
Stark übertrieben. Ich hatte die Idee seit zwei Wochen. »Was meint ihr dazu?« Ich bemühte mich harmlos auszusehen.
»Wir? Einen Hund?« Mein Vater schaute erst mal skeptisch drein.
»Ich habe auch schon ab und zu darüber nachgedacht, muss ich zugeben«, meinte meine Mutter.
Aha! Das war doch vielversprechend!
»Aber ich muss sagen«, fuhr sie fort, »dass mir die Arbeit zu viel werden würde. Ich muss den Haushalt versorgen und mich um den Garten kümmern und ich habe meine Arbeit in Evelyns Boutique, wenn es auch nur ein paar Stunden die Woche sind. Wenn ich mich daneben noch um einen Hund kümmern muss, komme ich zu gar nichts mehr.«
Umso besser! Ich wollte ihn ja sowieso für mich allein haben.
»Ich könnte mich darum kümmern«, schlug ich sofort vor. »Ein Tier fördert doch das Verantwortungsbewusstsein.«
Das war ein Argument. Was konnte mein Vater dagegen schon sagen!

»Das wäre allerdings kein Fehler bei dir«, kam es prompt.
Wie bitte? Wie sollte ich denn das verstehen? Wollte er behaupten, ich sei verantwortungslos? Immerhin hatte ich ein Pflegepferd! Ich fuhr zwar nicht jeden Tag in den Stall, aber es war schließlich auch nicht mein Pferd. Es waren sowieso zu viele Leute im Stall, die sich um Westwind kümmerten. Abgesehen davon war ich erst zwölf. Ich wohnte zu Hause und hatte nicht einmal Geschwister.
Für was, bitte, sollte ich denn Verantwortung übernehmen?
Trotzdem zog ich es vor, darüber nicht mit meinem Vater zu diskutieren. Das würde bloß vom Thema ablenken.
Außerdem konnte ich seine Bemerkung gleich gegen ihn verwenden.
»Dann bist du also dafür?«, fragte ich. Es war gewagt, zugegeben, aber versuchen konnte man es.
Mein Vater sah mich ernst an. »Willst du denn wirklich einen Hund oder ist das nur so eine Idee von dir?«
»Ich will wirklich einen.«
»Das muss ich mir in Ruhe überlegen und mit deiner Mutter besprechen. Ich hoffe aber, dass dir klar ist, dass du dann für den Hund verantwortlich bist und dich um ihn kümmern musst. Gerade ein jun-

ger Hund braucht sehr viel Zeit. Du musst ihn stubenrein bekommen und ihn erziehen. Wenn er älter ist, wirst du jeden Tag lange Spaziergänge mit ihm machen müssen, bei jedem Wetter. Auch im Winter. Das geht nicht so wie mit dem Reitstall, dass du sagst, heute ist es so kalt, da bleibe ich lieber zu Hause.«

Du lieber Himmel, das war noch nicht oft vorgekommen! Wie lange würde ich mir das jetzt wieder anhören müssen? Außerdem war Westwind, wie gesagt, nicht mein Pferd.

Im Augenblick hielt ich es jedoch für klüger, möglichst erwachsen und verantwortungsbewusst dreinzuschauen und zustimmend zu nicken.

»Und schließlich darfst du nicht vergessen, dass der Hund nicht überallhin mitkann. Unter Umständen musst du auch einmal auf etwas verzichten, wenn deine Mutter und ich nicht auf ihn aufpassen können. Auch für den Urlaub müsste erst eine Regelung gefunden werden.«

»Ich könnte vielleicht Corinna fragen«, schlug ich vor. Ein oder zwei Hunde, was machte das schon für einen Unterschied? Ich könnte Micky ja auch mal nehmen.

»Ich möchte«, fuhr mein Vater fort, »dass du dir das alles sehr reiflich überlegst und dir nicht nur die Vorteile, sondern auch alle Nachteile vor

Augen führst. Und deine Mutter und ich werden ebenfalls gründlich darüber nachdenken.«
Damit wandte er sich wieder dem Fernseher zu. Das Thema schien beendet. Es war besser gelaufen, als ich gedacht hatte.
So, wie sich meine Eltern angehört hatten, hatte ich die Erlaubnis fast schon in der Tasche. Jetzt hieß es taktisch klug vorzugehen. Nur nicht quengeln, das konnte mein Vater gar nicht leiden. Keinen Ärger erregen, alles, was sie mir auftrugen, gleich erledigen. Und mit Corinna reden. Das würde ich morgen in Angriff nehmen.
Als ich ins Bett ging, überlegte ich schon, was für einen Hund ich haben wollte.

Am nächsten Vormittag war ich zu Hause und las, ständig in der Hoffnung, meine Eltern würden reinkommen und sagen: So, liebe Sabrina, wir haben beschlossen, dass du deinen Hund haben sollst. Hast du denn schon überlegt, was für einen du gern möchtest?
Leider passierte das nicht. Beim Essen warfen sie sich nicht einmal heimliche Blicke zu. So in dem Stil: Sollen wir es ihr jetzt gleich sagen oder erst nachher?
Nachmittags fuhr ich in den Stall. Corinna war noch nicht da, aber Kathrin. Westwind und Sahara

gingen in der Stunde mit, Tini und Anne ritten auch, also sahen wir zu.

»Der Junge auf Sahara reitet recht anständig«, bemerkte Kathrin.

»Kann ich von der Type auf Westwind nicht behaupten«, murrte ich ungnädig. »Viel zu harte Hand. Gescheit vorwärts kriegt sie ihn auch nicht. Er latscht.«

Ich kannte das Mädchen nur vom Sehen, sie war etwa so alt wie ich, vielleicht etwas älter. Sie ritt meistens Sahara, die von Natur aus flotter ist als Westwind. Aber war das eine Entschuldigung? Jedenfalls regte sie mich auf. Armer Westwind.

»Achtung! Quinta kriegt gerade wieder einen Anfall«, sagte Kathrin.

Ich hatte nur auf Westwind geachtet, doch jetzt sah ich es auch: Tini sollte auf dem Zirkel galoppieren, aber Quinta drehte sich nur in der Zirkelmitte um die eigene Hinterhand. Jetzt ging sie zwar etwas nach außen, war aber nicht auf den Hufschlag zu bewegen. Sie hatte die Nase oben und tänzelte vor sich hin.

Das Problem mit ihr war, dass man in so einem Fall durch gutes Zureden nicht weiterkam, leider aber noch viel weniger mit lautem Tadeln oder gar der Gerte. Sie regte sich höchstens noch mehr auf und war zu überhaupt nichts mehr zu gebrauchen. Man konnte lediglich versuchen sie abzulenken und eine Weile im Schritt oder Trab zu reiten. Manchmal ging es wieder, manchmal nicht.

Heute ging es nicht. Tini war gerade angaloppiert, als Quinta plötzlich völlig verrückt spielte: Sie galoppierte mit ganz kurzen Sprüngen, die fast schon Bocksprünge waren, und hochgerissenem Kopf kreuz und quer durch die Bahn. Tini hatte überhaupt keine Kontrolle mehr über sie.

Fichte fiel auch nichts anderes ein, als »Ruhig, ruhig, durchparieren!« zu rufen.

Was sollte er auch sonst tun? Sich ihr todesmutig vor die Hufe werfen?

Dann nahm Quinta Kurs auf Piggy.

»Gleich rennt sie Piggy über den Haufen«, war alles, was ich noch sagen konnte, und schon war es passiert: Quinta war mit voller Kraft auf den armen Piggy geknallt, der sich vor Schreck und durch die Wucht des Aufpralls fast in den Sand setzte. Eben war er noch gemütlich im Halbschlaf durch die Gegend getuckert, die Reiterin ebenfalls nicht ganz bei der Sache, und dann das!

Piggy war leicht verstört, die Reiterin erschrocken, und Tini war beides. Ein paar Meter weiter bekam sie Quinta endlich zum Stehen.

»Hast du das gesehen?«, fragte ich Kathrin ungläubig. »Sie ist voll auf ihn draufgerannt!«

»Der arme Piggy!« Kathrin lachte schon wieder. »Er hat fast einen Herzinfarkt bekommen. Ich habe noch nie ein Pferd so blöd gucken sehen!«

Fichte war inzwischen zu dem Schluss gekommen, dass man Quinta erst mal in Ruhe lassen sollte. »Geh Schritt mit ihr, bis die anderen galoppiert haben und lass das mit dem Galopp bleiben. Wenn sie nachher wieder ruhig ist und du meinst, es geht, galoppierst du sie einfach an, ansonsten lässt du es lieber.«

Tini nickte. Sie machte nicht gerade einen glücklichen Eindruck. Kein Wunder. Erst vor einer Woche hatte sie wieder geglaubt, Quinnie hätte ihre Probleme jetzt endgültig überwunden.

Sie hatte Quinnie inzwischen seit einem halben Jahr, sehr viel besser war es nicht mit ihr geworden. Warum sie sie überhaupt gekauft hatte, war vielen schleierhaft.

»Das wird Tini gar nicht gefallen«, meinte Kathrin. »Sie wollte Fichte doch beweisen, dass Quinta jetzt besser geht, damit sie sie auf dem Umzug reiten darf.«

»Das kann sie vergessen. Wenn Quinnie sich da auch so aufführt, gibt's Tote.«

»Hey, hab' ich was versäumt?«

Corinna war plötzlich neben uns. Micky begrüßte uns freudig.

»Kann man wohl sagen«, meinte Kathrin und erzählte Corinna von Quintas Anfall.
»Um Himmels willen!«, meinte Corinna kopfschüttelnd. »Also wirklich, das Pferd möchte ich nicht geschenkt haben.«
»Manchmal kann sie ganz super gehen«, warf ich zu Quinnies Verteidigung ein. Und zumindest im Stall war sie ein sehr liebes Pferd. Sicher war sie nicht so hysterisch auf die Welt gekommen, sondern durch unfähige Menschen so geworden. Ich hatte plötzlich Mitleid mit ihr. Sie konnte schließlich nichts dafür.
Corinna und Kathrin blieben jedenfalls skeptisch.
»Da ist mir mein Micky lieber, auch wenn ich ihn nicht reiten kann«, meinte Corinna und kraulte ihren Hund am Hals.
He, das war doch mein Stichwort! Aber ich wollte nicht mit der Tür ins Haus fallen, nach der Art: Du, Corinna, ich kriege vielleicht einen Hund. Könntest du ihn nehmen, wenn wir in Urlaub fahren und er nicht mitkann? Ich würde erst mal abwarten, wie sie überhaupt reagierte.
»Du, Corinna, stell dir vor, ich habe gestern mit meinen Eltern gesprochen: Vielleicht kriege ich auch einen Hund.«
»Was? Das ist ja super! Dann können die zwei zusammen spielen.«

»Ja, aber sicher ist es noch nicht. Meine Eltern beraten sich noch und ich soll auch darüber nachdenken. Natürlich müssen wir vorher klären, wo er hinsoll, wenn wir in Urlaub fahren und ihn nicht mitnehmen können.«
War das zu auffällig gewesen?
»Ach, das ist bestimmt kein Problem. Vielleicht können wir ihn sogar nehmen, wenn wir nicht zur gleichen Zeit wegfahren.«
So einfach war das!
»Wirklich? Das wäre toll, da hätten wir schon ein Problem weniger. Was macht ihr eigentlich mit Micky im Urlaub?«
»Meistens fahren wir nur dahin, wohin wir ihn mitnehmen können. Er gehört schließlich zur Familie. Und wenn es mal gar nicht geht, dann nimmt ihn meine Tante. Sie betrachtet Micky sowieso als ihren Neffen.«
»Vielleicht können wir ihn auch mal nehmen«, meinte ich. Was machte ich da für Versprechungen? Darüber hatte ich mit meinen Eltern doch gar nicht geredet. Ich sollte besser die Klappe halten.
»Ich soll mir auch Gedanken machen von wegen Verantwortung und Arbeit und so«, fuhr ich fort.
»Ist das denn so schlimm?«
»Ach was, man gewöhnt sich dran. Das wird alles selbstverständlich. Manchmal ist zum Beispiel die

Spazierengeherei lästig, vor allem wenn's regnet und saukalt ist, aber da muss man eben durch. Und ich fahre ja fast jeden Tag mit dem Fahrrad in den Reitstall, da bekommt Micky schon ein bisschen Bewegung und hier rennt er auch noch rum. Außerdem entschädigt er mich immer, weil ich so viel über ihn lachen muss.«
»Und die Verantwortung, von der sie immerzu alle reden?«
»Ach ja. Man muss sich halt um ihn kümmern, auch wenn man mal keine Lust hat. Das ist doch selbstverständlich.«
Na also. Alles halb so schlimm. Jetzt musste ich nur noch abwarten, wie meine Eltern sich entscheiden würden.

Theorie und Praxis

Die Entscheidung war bereits gefallen, als ich heimkam. Natürlich hatte ich zu diesem Zeitpunkt noch keine Ahnung davon. Eltern sind ja nicht so, dass sie einem freudige Nachrichten schon an der Tür entgegenbrüllen, so wie ich das immer mache. Nein, sie warten auf den geeigneten Mo-

ment. Aus irgendeinem Grund scheint das meistens während des Essens zu sein. Dabei soll man doch nicht mit vollem Mund reden.

Als wir abends am Tisch saßen – ich bereits geduscht, um keinen Unmut zu erregen, denn meine armen Eltern können angeblich nicht essen, wenn alles nach Pferd stinkt –, da warfen sie sich diese Blicke zu: Sagen wir es ihr jetzt? Sagst du es ihr oder sage ich es ihr?

Es waren Blicke, die eine positive Antwort versprachen. Nicht dieser Jammerblick – wer sagt es nur dem Kind? Sie wird ja so enttäuscht sein! Ich kann es nicht, tu du es! Nein, es waren durchaus positive Blicke.

Ich tat natürlich so, als würde ich es nicht bemerken. Sonst würden sie sich das nächste Mal nicht mehr verraten.

Und außerdem – so ganz sicher konnte ich ja trotz allem nicht sein …

Kind, einen Hund kriegst du zwar nicht, aber stell dir vor: Wir haben fünfundachtzig Mark im Lotto gewonnen! Ist das nicht wunderbar?

Paps schluckte sein Essen hinunter und räusperte sich. Das musste das Startzeichen sein!

Unauffälliger Blick zu meiner Mutter – auch sie schluckte.

Die gefüllte Gabel hatte sie vor sich, machte aber

keine Anstalten, das Essen in den Mund zu befördern. Stattdessen Blick zu Paps.

Ich stierte konzentriert auf ein besonders grünes Stück Broccoli. Nichts anmerken lassen! Vorsichtshalber schluckte ich mein Essen runter und füllte wieder nach.

»Nun, Sabrina«, begann mein Vater, »hast du dir die Sache mit dem Hund noch mal durch den Kopf gehen lassen?«

Ich versuchte locker zu bleiben und überrascht auszusehen. Wie kommst du denn jetzt auf dieses Thema?

»Natürlich! Ich habe mich heute lange mit Corinna darüber unterhalten.« Bestimmt zehn Minuten. »Sie hat übrigens sofort angeboten, den Hund zu nehmen, wenn wir im Urlaub sind.«

… und sie nicht selbst gerade verreist ist – das ließ ich vorsichtshalber weg. Nur keine Zweifel aufkommen lassen!

Dass ich Corinna großzügig angeboten hatte, Micky auch mal zu nehmen, verschwieg ich ebenfalls. Alles zu seiner Zeit.

»Und?«, kam es von meiner Mutter. »Möchtest du immer noch einen Hund?«

»Aber ja doch!« Ich nickte und versuchte dabei möglichst reif zu wirken.

»Unter der Voraussetzung« – warum können El-

tern einem alles nur unter irgendwelchen Voraussetzungen erlauben? –, »dass du dich um den Hund kümmerst und nicht meinst, wir werden das schon machen, wenn du mal keine Lust hast, und vorausgesetzt, du sorgst dafür, dass der Hund sauber ist, wenn er von draußen in die Wohnung kommt, vor allem wenn es regnet, unter diesen Voraussetzungen also haben wir nichts dagegen.«
»Oh, wirklich? – Danke!«
Ich würde einen Hund bekommen! Ich konnte es kaum fassen. Einen Hund! Einen H-u-n-d!
Strahlend umarmte ich erst meine Mutter und dann meinen Vater.
»Wann können wir ihn holen?«
»Langsam!«, bremste mich mein Vater. »Jetzt müssen wir noch über die Kosten reden.«
Kosten? Sollte ich vielleicht alles selber zahlen? Von meinem popeligen Taschengeld?
»Selbstverständlich werden wir für die Unterhaltskosten aufkommen.« Gott sei Dank. »Aber da sind ja noch die Anschaffungskosten. Wir sind ehrlich gesagt nicht bereit, ein paar hundert Mark oder mehr für einen Rassehund hinzublättern.«
»Ich möchte auch viel lieber einen Mischling«, unterbrach ich gleich. »Vielleicht einen aus dem Tierheim. Oder aus der Zeitung – da stehen doch immer welche drin.«

»Ich bin auf jeden Fall dafür, dass wir einen Welpen nehmen«, mischte sich meine Mutter ein. »Der muss zwar erst noch stubenrein werden und zumindest am Vormittag, wenn du in der Schule bist, würde ich mich darum kümmern müssen, aber er ist bestimmt leichter zu erziehen als ein erwachsener Hund, der vielleicht schon alle möglichen Unarten mitbringt.«
Genau. Ich wollte auch lieber einen Welpen. Junge Hunde sind umwerfend niedlich.
»Und bevor der Hund ins Haus kommt, werden wir beide erst mal in die Stadt fahren und ein, zwei Bücher kaufen, um uns vorab zu informieren.«
Ich nickte zustimmend. Hoffentlich erwartete sie nicht, dass ich die Bücher bezahlte – ich war nämlich gerade wieder pleite.
»Ich werde dich von der Schule abholen. Wann hast du morgen aus?«
»Um eins.«
»Hast du dir eigentlich schon Gedanken gemacht«, fing mein Vater wieder an, »wie groß der Hund sein soll?«
Groß natürlich. Bloß nicht so ein Zwerghund, den das Schnauben eines Pferdes von den Beinen haut.
»Na ja, am liebsten hätte ich nicht so einen kleinen.« Nicht so einen kleinen. Das konnte viel bedeuten.

»Große Hunde brauchen aber mehr Bewegung«, behauptete mein Vater. Leider wusste ich nicht, ob das stimmt. Logisch wäre es schon, sie haben längere Beine und wenn ein kleiner Hund drei Schritte macht, macht so ein großer vielleicht einen. Demzufolge muss man länger laufen, damit die gleiche Schrittzahl zusammenkommt. Oder wird das nach Stunden oder Kilometern gerechnet?

Ich kam gar nicht zu einer Antwort, weil mir meine Mutter unerwarteterweise half.

»Ich hätte auch lieber einen großen Hund. Man kann mit ihm irgendwie mehr anfangen. Und wenn wir schon einen Hund haben, soll er auch gleich als Wachhund dienen.«

Als Wachhund. Genau.

In Gedanken rettete mein Hund bereits die ganze Familie: Es war spätabends. Wir kamen von einem Besuch zurück. Im Hause schon zwei Einbrecher. Plötzlich standen wir ihnen im Wohnzimmer gegenüber. Einer von ihnen bewaffnet, der andere trug einen großen Sack, in dem alles Wertvolle drin war, was immer das auch sein mochte. Mir fiel gerade nichts ein. Und da – wie ein Blitz schoss mein Hund heran, griff den bewaffneten Einbrecher an, riss ihn nieder und jetzt konnten wir die beiden überwältigen! Die Polizei kam und nahm die Ganoven fest und ich musste hundertdreiundfünfzig-

mal erzählen, wie mein Hund uns gerettet hatte. Am nächsten Tag waren wir dann in der Zeitung, kleines Bild von uns, großes Bild von meinem Hund – na, sagen wir von meinem Hund und mir – und dazu die Schlagzeile: »Todesmutiger Hund rettet Familie das Leben.«
Toll. Ich war begeistert.
»Na gut, mir kann es ja egal sein«, erwiderte mein Vater großzügig.
»Aber eines ist gleich klar«, warnte meine Mutter, »der Hund hat weder auf den Betten noch auf der Couch etwas verloren.«
»Logisch.« Ich hätte zwar nichts dagegen gehabt, aber wenn sie meinte …
»Nachdem wir nun alles geklärt haben, können wir ja weiteressen«, meinte mein Vater und pikste mit der Gabel in eine Kartoffel.
Ich hatte das Interesse am Essen verloren und aß mehr mechanisch. In Gedanken suchte ich schon meinen Hund aus – den süßesten von allen natürlich –, ging mit ihm spazieren, er wuchs heran und wurde zu meinem Beschützer und besten Kameraden. Später würde er mich und mein Pferd – ich hätte bis dahin selbstverständlich ein Pferd, habe ich das nicht erwähnt? – auf meinen täglichen Ausritten begleiten. Vielleicht würde er eines Tages im Wald etwas finden, einen Sack mit Geld oder so,

aus einem Bankraub möglicherweise, den ich dann aufklären konnte, weil mein Hund den Bankräuber am Geruch erkennen würde. Eventuell musste ich erst noch mit meinem Pferd durch den Wald flüchten – eine halsbrecherische Flucht, versteht sich –, weil der Bankräuber hinter uns her war, denn es konnte ja nicht nur der Hund der Held sein, das Pferd musste auch was tun.
Am Ende wären wir jedenfalls wieder in der Zeitung, diesmal unter der Schlagzeile: »Junge Reiterin und ihr Hund entlarven Bankräuber.« Dazu ein Bild: ich auf meinem Pferd und neben uns mein Hund. Großartig!

Die Schule am nächsten Tag war wirklich furchtbar. Ich sah achthundertsiebenundsechzigmal auf die Uhr – entsetzlich.
Als es endlich ein Uhr war, warf ich alles in meine Tasche und stürmte los. Meine Mutter wartete im Auto vor der Schule.
»Na, wie war's heute?«, fragte sie.
Wie sollte es schon gewesen sein?
»Es ging, wie immer.«
Wir fuhren zum einzigen Buchladen am Ort und kauften drei Hundebücher: eins über verschiedene Rassen, in dem auch viel über Mischlinge stand, ein allgemeines über Pflege und Erziehung und

eines nur über Erziehung, in dem viel Psychologisches erklärt wurde.

»Erziehung ist sehr wichtig«, behauptete meine Mutter. »Und es kann nicht schaden, dazu etwas über die Psyche des Hundes zu wissen. Damit man ihn besser versteht.«

Ich hatte schon das Bild vor mir: Meine Eltern und ich abends im Wohnzimmer, der Hund lag auf der Couch und wir analysierten ihn.

Ich nickte nur zustimmend, als wüsste ich das alles bereits.

Dabei wurde mir, ehrlich gesagt, angesichts der Bücher in dem Laden doch etwas mulmig.

Gab es so viel über Hunde und ihre Erziehung zu lernen, dass man darüber zig Bücher schreiben konnte? Das war ja richtig beängstigend! Bei Corinna war mir das nie aufgefallen. Sie behandelte Micky ganz normal. Sie sagte: »Sitz!« und er setzte sich, wenn auch nicht für sehr lange. Jedenfalls ging das ganz einfach. Wozu brauchte man da so viele Bücher?

»Und jetzt liest du erst mal die drei Bücher durch«, meinte meine Mutter auf der Heimfahrt.

Ich hatte es ja gewusst. Ich würde heute nicht in den Reitstall gehen – war sowieso Ruhetag. Stattdessen würde ich mich auf die Bücher stürzen, und wenn ich dann fertig war …

»Und wenn du fertig bist, können wir mal langsam anfangen uns umzusehen.«

Langsam anfangen? Wie lange sollte ich denn noch warten?

Vielleicht konnte ich schon mal in die Zeitung schauen und mich umhören. Ganz unauffällig natürlich. Ich konnte ja auch ins Tierheim gehen, ohne den beiden etwas zu sagen. Ich musste nachher gleich Corinna fragen.

Zu Hause setzte ich mich auf meine kleine Couch und fing mit dem Psychobuch an. Ich hatte gedacht, dass es entsetzlich kompliziert und sterbenslangweilig wäre, aber es war hochinteressant und ganz leicht zu verstehen. Auf einmal wurde mir vieles klar, zum Beispiel, warum Micky nie lange sitzen blieb, wenn Corinna es ihm sagte. Sie befahl ihm zwar sich hinzusetzen, gab ihm aber keine Anweisung, wenn er wieder aufstehen sollte. Da war es doch natürlich, dass Micky nur so lange sitzen blieb, wie er es für nötig hielt. Der Hund braucht nämlich nicht nur ein Kommando zum Hinsetzen oder Hinlegen, sondern auch eines, das das erste Kommando wieder aufhebt. Es ist eigentlich ganz einfach.

Ich verschlang das Buch am Nachmittag. Am Abend nahm ich mir dann das mit den Rassen vor, allerdings sah ich mir hauptsächlich die Bilder an.

Die ganzen Rassebeschreibungen zu lesen war mir doch zu viel. Ich überflog sie nur.

Den allgemeinen Teil las ich allerdings und dort erfuhr ich, dass man einen Hund nicht einfach nach dem Aussehen aussuchen sollte, sondern auch nach den Charaktereigenschaften. Das war ja schon wieder etwas Neues.

Sollte der Hund in einer Familie leben oder zu einer Einzelperson gehören? Ein scharfer Wachhund sein oder lieber ein netter, der auch den Einbrecher höflich begrüßt? Eine Mimose oder eher ein selbstbewusster?

Dann galt es noch zu überlegen, ob man einen Rüden oder eine Hündin wollte. Daran hatte ich überhaupt nicht gedacht.

Ich stöhnte halblaut vor mich hin. Was man alles beachten und wissen musste! Irgendwie haute das gar nicht mehr so hin, wie ich es mir vorgestellt hatte: Hund kaufen, mit nach Hause nehmen und sich freuen. Fertig.

So langsam begriff ich, was meine Eltern immer hatten mit ihrem »Überleg dir alles in Ruhe, denk noch mal darüber nach« und dem ganzen Kram. Ich kam aber zu dem Schluss, dass es besser wäre sie glauben zu lassen, ich hätte diese Dinge schon lange vorher bedacht. Das machte sicher einen besseren Eindruck. Sonst meinten sie am Ende, ich wäre zu unreif und zu verantwortungslos und was weiß ich und dass wir mit dem Hund lieber doch noch ein bisschen warten sollten.

Auf gar keinen Fall! Morgen Nachmittag würde ich ins Tierheim gehen! Ich hatte schon mit Corinna telefoniert, sie wollte mitkommen.

Ich las bis halb zwölf, dann fielen mir die Augen zu. Das letzte Buch konnte ich auch morgen noch lesen. Auf einen Tag mehr oder weniger kam es nun wirklich nicht an.

Ein Welpe namens Johnny?

Als meine Mutter am nächsten Tag beim Mittagessen fragte, ob ich heute wieder in den Reitstall fahren würde, sagte ich ja, ohne mit der Wimper zu zucken. Stimmte ja auch: erst ins Tierheim und dann in den Reitstall.

Nach dem Essen machte ich schneller und etwas flüchtiger als sonst meine Hausaufgaben. Dann schwang ich mich auf mein Fahrrad und fuhr zu Corinna.

Micky begrüßte ich jetzt mit ganz anderen Augen als sonst. Bald würde ich auch einen Hund haben.

Er würde neben dem Fahrrad herlaufen und im Reitstall alle Leute begrüßen. So wie Micky.
Allerdings wäre er ein klein wenig besser erzogen. Wenn ich »Sitz!« sagen würde, würde er sich hinsetzen und sitzen bleiben. Bis ich »Auf!« sagen würde. Corinna würde erstaunt fragen: Wie hast du das denn gemacht? Und ich würde ihr erklären: Alles eine Frage der Psychologie und der richtigen Erziehung!
Corinna kannte den Weg zum Tierheim.
Eine ältere Frau fragte, ob sie uns helfen könne, und wir erklärten, dass ich einen Hund bekommen sollte und wir uns mal umsehen wollten. Es war ein komisches Gefühl, wie wir das so sagten.
Dann konnten wir uns ungestört umschauen. Erst sahen wir nur Katzen, unglaublich viele Katzen in allen Variationen. Und dann jede Menge Hunde. Reinrassige und vor allem Mischlinge.
Ein bisschen enttäuscht war ich schon, weil ich gehofft hatte, mehr junge Hunde zu sehen. Ich wollte doch eigentlich einen Welpen.
Als ich das Corinna erzählte, meinte sie: »Ich kann dich schon verstehen, ich habe Micky auch als Welpen bekommen. Aber überleg doch mal – wenn alle Leute so denken würden wie wir, hätten die Hunde hier überhaupt keine Chance, noch mal rauszukommen.«

»Das stimmt allerdings.« Ich bekam ein schlechtes Gewissen.

Doch dann sah ich eine wunderschöne Berner Sennenhündin mit drei Welpen.

»Sind die süß!«, konnte ich gerade noch hauchen, dann war ich auch schon auf die Knie gesunken und streckte verzückt die Finger durch das Gitter. Meine guten Vorsätze, so reif wie nur möglich zu wirken, waren vergessen, ganz zu schweigen von meinem schlechten Gewissen. Gut, dass mich die Frau von vorhin nicht sah.

Ein Welpe drängte sich vor die anderen beiden und kam als Erster ans Gitter. Er war schwarz, hatte einen länglichen weißen Fleck auf dem Nasenrücken, etwas Weiß am Hals, sodass es aussah, als hätte er ein Halstuch um – wie John Wayne, bloß in Weiß –, und dazu drei halb weiße Füße. Nur der linke Vorderfuß war ganz schwarz.

Ich muss wohl nicht extra erwähnen, dass er das knuddeligste Fell und die goldigsten Augen der Welt hatte. Er war überhaupt zweifelsohne der süßeste Hund der Welt.

Ihn wollte ich. Keine Frage.

»Komm, wir fragen die Frau nach ihm«, sagte ich und stand auf.

»Nach welchem?«

Ach ja, es waren ja noch zwei da.

»Der hier.« Ich deutete mit dem Finger auf meinen auserwählten Welpen. »Findest du nicht, dass er der Goldigste ist?«
Das musste sie doch sehen!
»Ja, die anderen beiden sind aber auch süß. Hoffentlich sind sie noch nicht verkauft.«
Mir wurde eiskalt. »Verkauft? Wieso? Unsinn, dann wären sie nicht mehr hier.«
»Warum nicht? Welpen können doch erst mit acht Wochen von der Mutter weg. Vielleicht hat sich den da schon jemand reservieren lassen.«
Reservieren? Meinen Hund? Er war doch kein Hotelzimmer! Hallo, Sie, ich möchte diesen Hund da reservieren, für den 15. Juni, bitte mit Frühstück.
»Wir werden das sofort klären«, meinte ich entschlossen und ging los, aber mit sehr wackligen Knien. Ich fand die Frau ein paar Ecken weiter beim Bürsten eines langhaarigen Hundes.
»Entschuldigen Sie bitte«, begann ich und war jetzt noch nervöser. Wenn er nun wirklich schon verkauft war?
»Ja?« Die Frau richtete sich auf.
»Äh – ich wollte mal fragen –, diese Welpen dahinten – sind die schon verkauft?«
»Ja, da hast du leider Pech, die sind schon lange vergeben. Tut mir Leid. Aber vielleicht findest du einen anderen Hund hier?«

Einen anderen Hund? Ich wollte keinen anderen Hund. Ich wollte nur ihn. Ich sah traurig und enttäuscht vor mich hin und wusste nicht, was ich sagen sollte.

»Wie alt sind die Welpen denn überhaupt?«, fragte Corinna für mich.

Als ob das jetzt noch eine Rolle spielte.

»Ziemlich genau sieben Wochen. Nächste Woche werden sie abgeholt.«

Abgeholt. Aber nicht von mir.

Die Frau überlegte einen Augenblick. »Möchtet ihr trotzdem mal zu ihnen reingehen?«

»O ja«, sagte Corinna, noch bevor ich ablehnen konnte. Jetzt musste ich ihn mir also auch noch genau ansehen, wo ich ihn doch gar nicht haben konnte!

»Welcher hätte dir denn am besten gefallen?«, fragte die Frau, als wir kurz darauf vor dem Zwinger standen.

»Der da!« Ich deutete auf Johnny Wayne.

»Da hättest du eine gute Wahl getroffen. Er ist der Kräftigste von allen.«

Kräftig war er also auch. Ich war stolz auf ihn, selbst wenn ich ihn nicht haben konnte.

»Ist es ein Rüde oder eine Hündin?«

»Ein Rüde.«

»Es sind Mischlinge, nicht wahr?«

»Ja, die Mutter ist eine Mischung aus Schäferhund und Berner Sennenhund.«
»Die Mutter ist ein Mischling?«
»Ja.«
»Ich hätte sie für einen reinrassigen Sennenhund gehalten.«
Sollte ich nicht lieber ruhig sein? Die Frau musste ja denken, ich hätte Ahnung davon. Ach, es war sowieso egal.
»Ja, man sieht es ihr wirklich kaum an. Aber wenn du mal die Kopfform anschaust – die ist mehr vom Schäfer. Auch die Ohren sind anders.«
Ich war leider erst seit gestern Fachfrau. So etwas sah ich nicht.
»Ehrlich gesagt, mir fällt es nicht auf«, gestand ich verlegen.
»Ich sehe auch nichts«, meinte Corinna.
Die Frau lachte. »Das macht nichts. Ihm« – sie deutete auf Johnny – »wird man den Mischling auf jeden Fall ansehen.«
»Was ist der Vater?«
»Ein Neufundländer.«
Neufundländer hatten mir in dem Hunderassenbuch auch sehr gut gefallen. Lieber Charakter, Familienhund. Genau richtig. Er hätte so gut zu uns gepasst. Es war einfach ungerecht!
Die Frau schloss den Zwinger auf und wir gingen

hinein. Die Hündin kam sofort her und beschnüffelte uns freundlich. Wir streichelten sie höflichkeitshalber zuerst und wandten uns danach den Welpen zu, die schon um unsere Füße krabbelten. Obwohl ich mich genau genommen nur Johnny zuwandte. Er war sooo süß! Er war für mich bestimmt, kein Zweifel! Warum erkannte das niemand? War es vielleicht ein Zufall, dass Johnny meine Freundin und die Tierheimfrau völlig übersah und nur an mir Interesse hatte?
»Wie lange ist seine Mutter denn schon hier?«, fragte ich.
Die Frau seufzte.
»Ach, das ist ein trauriges Schicksal. Maja ist schon acht Jahre alt und hat bis vor einem Jahr bei einer Familie gelebt. Dann ließ sich das Ehepaar scheiden, der Vater ging ins Ausland und die Mutter musste lange suchen, bis sie mit den beiden Kindern überhaupt eine Wohnung bekam. Maja konnte sie nicht mitnehmen. Als sie niemanden fand, der sie nehmen konnte, hat sie die Hündin zu uns gebracht. Wir hatten ein paar Wochen später jemanden, der sie haben wollte, aber das war wohl ein Schuss in den Ofen. Als Maja trächtig wurde, hat der Mann sie wieder bei uns abgeliefert. Es wird wohl schwer sein sie überhaupt noch irgendwo unterzubringen. Dabei ist sie wirklich ein aus-

gesprochen lieber und wohlerzogener Hund.« Die Frau seufzte wieder.

Ich sah mir Maja an und hätte fast angefangen zu heulen vor Mitleid – wenn Johnny nicht gerade meinen Schnürsenkel aufgezogen hätte.

Die Frau blickte mich an. »Vielleicht möchtest du mir deine Telefonnummer dalassen? Es könnte ja sein, dass einer doch nicht genommen wird, dann würde ich dich anrufen.«

Ach, das war doch völlig aussichtslos. Wer würde so einen süßen Welpen reservieren und ihn dann nicht nehmen?

»Na gut«, sagte ich trotzdem und gab ihr unsere Telefonnummer.

Enttäuscht fuhr ich anschließend mit Corinna in den Reitstall, aber es gefiel mir heute nicht besonders und Micky wollte ich auch nicht sehen.

Da konnten selbst meine Freundinnen mit ihrem »Vielleicht ruft sie wirklich an« nicht helfen, ebenso wenig wie die Tatsache, dass es noch genug andere Hunde gab.

An den nächsten beiden Tagen studierte ich die Zeitung, fand aber nichts. Lediglich ein Hundezüchter inserierte, aber es war einer, der alle möglichen Hunderassen gleichzeitig anbot. In einem meiner Bücher hatte ich gelesen, wie wichtig es ist, dass die Welpen in den ersten Wochen Kontakt zu Menschen und ihrer Umwelt haben und dass das bei einem Massenzüchter in der Regel nicht der Fall ist. Außerdem hatten wir uns ja eigentlich bereits auf einen Mischling geeinigt. Also rief ich gar nicht erst an.

Als ich am dritten Tag nach dem Tierheimbesuch gerade meine Hausaufgaben gemacht hatte und mich für den Reitstall umzog, klingelte das Telefon. »Hallo?«, meldete ich mich und dachte im gleichen Augenblick an meine Mutter, die immer sagt: »Kind, kannst du nicht deinen Namen nennen? Die Leute wollen doch wissen, wer dran ist.« Aber ich hatte mir das so angewöhnt und es gefiel mir auch irgendwie.

»Tierheim Kirchbach, Schmalhofer. Kann ich bitte Sabrina Walder sprechen?«

Was, Tierheim? Mir wurde auf einmal ganz flau. Was für einen Grund könnten die haben mich anzurufen, wenn nicht …

Halt, halt, bremste ich mich. Es waren drei Welpen gewesen, nicht nur »meiner«. Vielleicht rief sie nur an, um mir zu sagen, dass sie jetzt andere Welpen hatten und ob ich nicht davon einen wolle?

»Ich bin schon dran«, sagte ich und war froh, dass ich allein zu Hause war. Meine Mutter arbeitete an diesem Nachmittag.

»Ah, sehr schön. Du warst doch vor ein paar Tagen hier wegen unserer Welpen.«
»Ja.«
Konnte sie nicht endlich zur Sache kommen, möglichst noch bevor ich den Telefonhörer mit bloßen Händen zerquetscht hatte!
»Hast du noch Interesse?«
»Ja.«
Knirschte der Telefonhörer nicht schon?
»Es ist nämlich so: Ich hatte dir doch versprochen dich anzurufen, wenn einer der Welpen zurückgegeben werden sollte, und tatsächlich habe ich vorhin einen Anruf bekommen, dass eine Frau, die eigentlich einen Welpen haben wollte, ihn jetzt nicht nehmen kann. Bei ihr hat sich beruflich ganz kurzfristig eine Änderung ergeben.«
Ich schluckte. Die Antwort auf die nächste Frage würde über Leben oder Tod des Telefonhörers entscheiden.
»Welcher ist es denn?«
»Der schwarze. Der mit dem weißen Hals und den drei weißen Füßen. Ich glaube, das ist der, der dir sowieso am besten gefiel.«
»Mit einem weißen Fleck auf der Nase?«
»Ja.«
»Oh, wirklich?«
Konnte das wahr sein? Mein kleiner Johnny? Aber

schon fiel mir etwas anderes ein – meine Eltern wussten ja noch gar nichts davon … Wie sollte ich ihnen das beibringen? Und was sollte ich jetzt zu Frau Schmalhofer sagen?

»Äh – meine Eltern müssten ihn natürlich auch erst sehen …«

»Sicher. Komm doch mal mit ihnen vorbei.«

»O ja, bestimmt. Morgen Nachmittag vielleicht?« Mein Vater musste arbeiten, kam mir im gleichen Moment in den Sinn, aber hatte meine Mutter schon etwas vor?

»Ja, das passt. Um wie viel Uhr etwa?«

»So um drei?«, meinte ich aufs Geratewohl.

»Ja, gut. Sag mal, wo würde der Hund denn eigentlich hinkommen?«

»Na ja«, fing ich an. Was sollte ich ihr erzählen? Wir haben einen schönen großen Garten? »Also, wir sind drei Leute, mein Vater, meine Mutter und ich. Wir haben ein kleines Haus mit ziemlich großem Garten. Und er muss sich mit Kindern und Pferden verstehen.« Was, wenn sie jetzt sagen würde: Dafür ist der Hund nicht geeignet? – Ich: Oh, ich habe mich geirrt, keine Kinder, keine Pferde, Einpersonenhaushalt, ich bin fast schon von zu Hause ausgezogen.

»Ich glaube, da würdest du mit ihm einen guten Griff tun.« Puh! »Die Rassen, die er in sich verei-

nigt, sind eigentlich alle familienfreundlich. Auch mit Pferden gibt es sicherlich keine Probleme, du musst ihn halt frühzeitig daran gewöhnen.« Aber ja doch – morgen lernt er reiten.
»Ich hoffe, du bist dir über die Verantwortung im Klaren, die du damit übernimmst?«
Ich nickte verantwortungsbewusst und vergaß, dass das Frau Schmalhofer durchs Telefon gar nicht sehen konnte.
»Meine Eltern und ich haben ausführlich über das Thema geredet.«
»Und er wird ziemlich groß werden. Ungefähr so wie seine Mutter.«
»Meine Mutter und ich wollen sowieso einen großen Hund.«
»Und dein Vater?«
Ich grinste. »Dem ist es egal.«
»Na dann. Vielleicht klappt's ja tatsächlich. Bis morgen also, tschüs.«
»Tschüs.« Ich legte auf.
Vorsichtshalber sah ich mir den Telefonhörer noch mal genauer an.
Dann musste ich meiner Freude Luft machen. Ich sprang wie eine Verrückte durch das Haus und rief ständig: »Juchhu! Juchhu! Juchhuhuhuhuu!«, so laut ich konnte.
Völlig aufgelöst fuhr ich anschließend in den Reit-

stall, um meinen Freundinnen das Unglaubliche zu erzählen.

Jetzt hatte ich nur noch ein Problem: Meine Eltern mussten Johnny ebenfalls mögen.

Leider hatten sie gar keine Ahnung, dass ich ohne sie im Tierheim gewesen war. Eigentlich hatten wir zusammen hinfahren wollen.

Am liebsten wäre ich gleich wieder nach Hause gefahren und hätte ihnen alles erzählt, aber mein Vater war noch bei der Arbeit und auch meine Mutter würde erst gegen halb fünf kommen. Also blieb ich im Stall, wo ich allerdings auch nicht recht wusste, was ich tun sollte. Es war gerade Unterricht und Westwind ging natürlich mit. Wieder nichts mit dem gründlichen Putzen heute.

Fichte hatte eine Liste ans schwarze Brett gehängt, in die sich jeder eintragen konnte, der das Abzeichen machen wollte. Es standen schon einige Namen darauf, obwohl der Zettel noch nicht lange hängen konnte.

Außer mir wollten noch drei Leute das Abzeichen auf Westwind machen. Das konnten die aber schnell wieder vergessen!

Die, die ihn am Sonntag so furchtbar geritten hatte, war auch dabei. Die hatte wohl was an der Waffel! Sie sollte lieber erst mal richtig reiten lernen.

Fichte würde hoffentlich ein Machtwort sprechen.

Westwind konnte nicht von vier Leuten in der Prüfung geritten werden.

Ich sah den Richter mit seinem Mikrofon schon vor mir: Letzte Teilnehmerin in der Springprüfung, Sabrina Walder. Leider hat ihr Pferd Westwind beim vierten Durchgang vor Erschöpfung alle Hindernisse gerissen, deswegen hat die Teilnehmerin Walder aufgrund des hohen Punkteabzugs die Springprüfung nicht bestanden. Wir bedauern dies außerordentlich.

So weit würde es ja hoffentlich nicht kommen. Hatte Fichte letztes Jahr nicht jedes Pferd nur zweimal gehen lassen?

Corinna und ich gingen zur Zuschauertribüne, wo schon Kathrin und Tini saßen. Tini hatte ihre blonden Haare heute zu einem Pferdeschwanz zusammengebunden und sah aus wie Heidi Brühl alias Dalli vom Immenhof. Anne ritt mit Lilifee in der Stunde mit.

»Na, wie lief's heute?«, fragte Corinna Tini.

Tini schüttelte vage den Kopf. »Besser als die letzten Tage.«

Na, dazu gehörte ja nicht viel.

Wir sahen beim Unterricht zu und unterhielten uns leise darüber, wer gut ritt und wer schlecht, wie man das eben so macht, wenn man anderen beim Reiten zusieht.

Nach der Stunde war es endlich an der Zeit nach Hause zu fahren. Meine Mutter musste inzwischen eingetroffen sein und dann hatte ich ja noch ein Buch zu lesen.

Auf dem Heimweg überlegte ich mir verschiedene Möglichkeiten, wie ich ihr das mit Johnny und meinem Tierheimbesuch beibringen könnte.

Mutti, stell dir vor, ganz zufällig sind Corinna und ich kürzlich am Tierheim vorbeigeradelt und dachten, schauen wir doch mal rein.

Und was soll ich sagen: Sooo einen goldigen Hund haben wir gefunden!

Du, Mutti, findest du nicht auch, dass schwarze Hunde viel einfacher zu pflegen sind als weiße? Das ist wie mit Pferden: An einem Schimmel kann man sich dumm und dämlich putzen. Und ganz zufällig habe ich vor ein paar Tagen einen schwarzen Hund gesehen. Wo? Im Tierheim. Dachte, ich schau' mal rein.

Weißt du, Mutti, weil ihr doch immer so viel zu tun habt, du und Paps, dachte ich, ich erspare euch vielleicht einen unnötigen Weg und fahre einfach schon mal selber ins Tierheim, um mir die Hunde anzugucken. Und dann habe ich tatsächlich einen gefunden dort, also das ist genau, was wir gesucht haben. Ihr müsst ihn euch anschauen!

Ich war zu Hause angekommen. Aufgeregt schob

ich das Fahrrad in die Garage und ging ins Haus. Schon beim Hereinkommen hörte ich meine Mutter in der Küche hantieren.
»Hallo!«, rief ich.
»Hallo, du bist aber früh dran heute.«
»Jaaa.«
Ich verschwand in mein Zimmer und zog mich um. Ich wusch mir sogar noch die Hände. Jetzt nur keinen Unmut erregen.
Dann ging ich hinunter in die Küche. Wie sollte ich bloß anfangen?
»Hmmm, riecht gut. Was gibt's denn?«
»Gulasch.«
»Aha.«
Jetzt, los!
»Ist was?«
»Wieso?«
Wieso? Warum fragte ich so einen Blödsinn? Das war doch die Gelegenheit!
»Na, du hast doch was.«
Jetzt! Sag es!
Vielleicht würde sie von selbst drauf kommen? Hoffnungsvoll zog ich ein unbestimmtes Gesicht.
»Ist es wegen des Hundes? Willst du vielleicht doch keinen?«
»Was?!« Ich war entsetzt. Dass man meine Mimik aber auch so missverstehen konnte!

»Natürlich will ich einen. Ich war sogar schon – also Corinna und ich meinten – wir dachten, wir könnten vielleicht mal ins – na ja, ins Tierheim fahren. So zum Schauen. Haben wir vor ein paar Tagen gemacht.«
Ich sollte an einem Volkshochschulkurs teilnehmen: Wichtige Reden unter Stresseinfluss.
»Und? Hast du einen Hund gefunden, der dir gefällt?«
Was? War das alles? Kein »Konntest du nicht warten? Wir hatten doch beschlossen, uns gemeinsam einen auszusuchen.« Einfach nur: »Hast du einen Hund gefunden, der dir gefällt?«
Und deswegen hatte ich mich so aufgeregt? Deswegen hatte ich den ganzen Nachmittag gegrübelt, wäre fast mit dem Fahrrad in einem Gully hängen geblieben und hatte mir die Hände gewaschen?
»Äh – ja.« Ich war zu verblüfft, um mehr zu sagen.
»Na und? Was für einer ist es denn? Jetzt red doch endlich!«
Na gut! »Also, es ist ein Mischlingswelpe. Die Mutter ist eine Mischung aus Schäferhund und Berner Sennenhund, sieht aber aus wie ein Sennenhund. Der Vater ist ein Neufundländer. Alles total liebe Hunderassen. Und er ist schwarz, hat einen weißen Fleck auf dem Nasenrücken, drei halbweiße Beine und um den Hals noch ein biss-

chen Weiß, so wie ein Halstuch. Und deswegen heißt er Johnny.«

Ach verflixt, das mit dem Johnny hatte ich doch noch gar nicht sagen wollen. Das wäre mir dann erst morgen nach langem Überlegen eingefallen. Na, jetzt war es jedenfalls zu spät.

»Er heißt Johnny, weil er einen weißen Hals hat? Da kann ich, ehrlich gesagt, keinen Zusammenhang sehen.«

»Na ja, es sieht eben aus wie ein Halstuch. Und du weißt doch, John Wayne mit dem roten Halstuch, da dachte ich ...«

Meine Güte, redete ich einen Schwachsinn. Meine Mutter musste spätestens jetzt erkennen, dass ich nicht einmal reif genug war mich um eine Stubenfliege zu kümmern.

Aber nein – sie lachte! »Johnny wie John Wayne – das finde ich originell.«

Tatsächlich?

Unglaublich!

Na dann! »Und es ist nämlich so, erst war er schon vergeben, aber dann konnte ihn die Frau doch nicht nehmen und deswegen hat Frau Schmalhofer – das ist die Frau, die das Tierheim leitet – angerufen und mich gefragt, ob ich ihn noch haben will. Und ich habe natürlich ja gesagt, aber dass ihr ihn auch noch anschauen müsst.«

»Das ist ja sehr nett von dir«, warf meine Mutter trocken ein.
»Ich habe Frau Schmalhofer gesagt, dass wir morgen vielleicht vorbeikommen. So gegen drei Uhr. Geht das?« Bitte!!!
»Morgen schon? Wir haben doch noch gar nichts für den Hund gekauft. Er braucht doch einen Futternapf und ein Körbchen und ...«
»Ach, das macht doch nichts. Er muss sowieso noch ein paar Tage dableiben, weil er noch keine acht Wochen alt ist.«
»Na gut, dann fahren wir morgen nach dem Essen mal hin. Aber dein Vater kann dann nicht mit.«
»Meinst du denn, er will den Hund unbedingt auch mit aussuchen? Er hat doch gar kein so großes Interesse daran.«
»Nein, er muss nicht unbedingt mit. Ich werde das heute mit ihm klären.«
Überglücklich verschwand ich in meinem Zimmer, nicht ohne meiner Mutter vorher um den Hals zu fallen und danke zu sagen. Ich las bis zum Essen in meinem letzten Buch und machte dann nach dem Essen – als Zeichen meines Verantwortungsbewusstseins und meines Weitblicks – sogar eine Liste, was wir alles für den Hund kaufen mussten. Als Körbchen würde erst mal ein Karton mit einer alten Decke dienen, beides hatten wir im Haus.

Aus dem Körbchen würde er sowieso bald herauswachsen, dann würde die Decke genügen.
Außerdem brauchten wir noch Futter- und Wasserschüssel, Futter, Spielzeug und eine Bürste. Was noch fehlte, konnte ich ja jederzeit nachkaufen. Und natürlich würde ich Frau Schmalhofer fragen müssen, ob und wann Johnny geimpft werden musste. Vielleicht konnte sie mir auch einen Tierarzt empfehlen.

Johnny zieht ein

Mein Vater war am nächsten Tag zum Essen zu Hause, musste aber anschließend wieder ins Büro. Meine Mutter hatte bereits gestern mit ihm geredet und er hatte nichts dagegen sich überraschen zu lassen. Er würde ja sowieso nicht viel mit dem Hund zu tun haben, meinte er. Wie der sich das dachte! Er würde ihn doch abends und am Wochenende sehen. Na, mir konnte es egal sein.
Würde der Hund eigentlich nach einem Besuch im Stall auch nach Pferd riechen? Hoffentlich nicht!
Und dann, endlich, war es soweit: Meine Mutter und ich fuhren ins Tierheim. Ich hatte meine

Einkaufsliste eingesteckt, weil wir anschließend gleich einkaufen wollten. Auf der Fahrt hatte ich die ganze Zeit panische Angst, dass Johnny aus irgendeinem Grund nicht mehr da sein würde oder dass meine Mutter ihn nicht leiden könnte.

Als wir vor dem Tierheim parkten, war ich nervlich ein Wrack. Meine Hände waren feucht, in meinem Magen kreiste ein UFO und meine Beine waren nicht mehr meine Beine, sondern die der kleinen Gummipuppe, mit der ich früher so gern gespielt hatte.

Meine Mutter bemerkte meinen Zustand. »Was ist denn mit dir los? Bist du etwa so aufgeregt?«

»Na ja, schon ein bisschen«, gab ich vorsichtig zu.

»Man bekommt schließlich nicht jeden Tag einen Hund. Wenn er jetzt nicht mehr da ist? Oder wenn er dir nicht gefällt?«

»Warum sollte er mir denn nicht gefallen? Ist er so hässlich?«

»Natürlich nicht!« Johnny war der süßeste Hund der Welt! Aber wenn meine Mutter unter Geschmacksverirrung litt?

»Und warum soll er nicht mehr da sein? Die Frau hat dich doch extra angerufen.«

»Na ja, schon.« Aber wenn ihr jemand für Johnny eine Riesensumme geboten hatte oder wenn wir uns missverstanden hatten? Oder wenn ich alles

nur geträumt hatte? – Wer bist du denn, was willst du hier? Wir haben nie einen Welpen gehabt, auf den deine Beschreibung zutrifft.
Wir klingelten. Einen Augenblick später öffnete Frau Schmalhofer.
»Aha, Sabrina, da bist du ja schon. Hallo! Sie sind sicher Frau Walder?«
»Ja, guten Tag.«
»Ist der Hund noch da?« Ich konnte mich einfach nicht beherrschen. Peinlich! Das wirkte doch schon wieder unreif.
»Natürlich ist er noch da, warum sollte er denn weg sein?«
Wenn er mir jetzt gar nicht mehr gefallen würde? – Ach, tut mir Leid, ich hab' mir's anders überlegt. Ich finde ihn doof, behalten Sie ihn.
Doch dann war alles umsonst – im positiven Sinn. Meine Bedenken, Ängste, Sorgen und Alpträume nämlich. Johnny war noch süßer als beim letzten Mal – war er nicht gewachsen? –, meine Mutter war begeistert und es gab keinen Zweifel darüber, dass wir ihn nehmen würden.
Montag würden wir ihn abholen können. Ich konnte es kaum glauben.
Dann erledigten wir unsere Einkäufe in der Stadt und fuhren wieder nach Hause. Ich stellte die Einkaufstüte und das Hundefutter mit einem feier-

lichen Gefühl neben meine Couch, packte aus und sah mir alles noch mal ganz genau an, wobei ich vor Freude ständig vor mich hin grinste.

Am Wochenende verbrachte ich die meiste Zeit im Reitstall, wo ich meinen Freundinnen bei jeder Gelegenheit von Johnny erzählte und was wir alles gemeinsam unternehmen würden.
Außerdem plante ich bereits seine Ausbildung als Lawinensuchhund.
Am Montag war es endlich soweit: Nach der Schule fuhren meine Mutter und ich ins Tierheim, um Johnny abzuholen.
Seine beiden Geschwister waren noch da, der eine würde am Abend geholt werden, der andere am nächsten Tag.
Johnny war so knuddelig, ich musste ihn gleich mal auf den Arm nehmen.
Wir ließen uns von Frau Schmalhofer alles über die weiteren Impfungen erklären und einen Tierarzt empfehlen, dann fuhren wir nach Hause – ich auf dem Rücksitz mit dem verunsicherten Johnny, der nicht wusste, wo er zuerst hinschauen und hinschnüffeln sollte, und der sich gleichzeitig nicht von meinem Arm hinuntertraute.
Aber ich wusste ja, dass er ein paar Tage zum Eingewöhnen brauchen würde.

Als wir zu Hause ankamen, war es Zeit das Abendessen vorzubereiten. Meine Mutter verschwand in der Küche. Ich ging mit Johnny in mein Zimmer, wobei mir schon wieder sehr feierlich zumute war. Dort ließ ich ihn hinunter. Neugierig schnüffelte er hier und da und kam dann zu mir gelaufen, damit ich ihn doch bitte wieder auf den Arm nähme.
»Nein, Johnny, das geht jetzt nicht. Wir müssen erst mal alles herrichten. Den Karton habe ich schon, die Decke hole ich gleich. Du bleibst hier und passt auf das Haus auf.«
Ich machte die Tür hinter mir zu und holte die Decke aus dem Nähzimmer. Als ich wiederkam, hörte ich Johnny hinter der Tür winseln: Lass mich gefälligst nicht allein, ich bin schließlich neu hier und habe gerade meine Mami und meine Geschwister wegen dir verlassen müssen!
Ich öffnete vorsichtig die Tür und schon versuchte Johnny an mir hochzuspringen.
Er war so goldig, ich konnte nicht widerstehen und nahm ihn wieder auf den Arm. Wenn er erst groß war, würde das nicht mehr gehen. Er versuchte mir das Gesicht abzulecken.
»Iiih, lass das! Wir müssen jetzt dein Bett herrichten.« Ich setzte ihn wieder ab und legte die Decke in den Karton. Dann setzte ich Johnny hinein.

»Das ist dein Bett, verstehst du? Wenn du schlafen willst, legst du dich da rein. Du wirst dich nicht auf dieses Bett dort legen, denn das ist mein Bett. – Das hier« – ich wedelte mit dem lila Napf vor seiner Nase herum – »ist dein Futternapf. Du wirst nur aus diesem Napf fressen. Komm nicht auf die Idee, vom Teller oder vom Fußboden zu essen oder gar bei Tisch zu betteln. Das gehört sich nämlich nicht. Und das ist dein Trinknapf. Du trinkst nicht aus der Gießkanne oder aus herumstehenden Gläsern, hast du verstanden? Und wenn du aus deinem Napf trinkst, bemüh dich bitte, nicht die ganze Umgebung unter Wasser zu setzen. Das hier und dieses und das auch noch sind alles deine Spielsachen. Du kannst gern noch mehr haben. Aber wenn du spielst, dann bitte nur mit deinen Sachen, nicht mit meinen Schuhen oder denen der anderen Hausbewohner. Auch nicht mit Möbeln, Teppichen, hinuntergefallenen Kleidungsstücken oder verirrten Gartenzwergen.«

Johnny saß auf seiner Decke und lauschte mit seinen kleinen Hängeohren aufmerksam meinen Ausführungen. Seine Äuglein folgten meinen Händen und den Sachen, die durch sie gingen. Seine Spielsachen – ein Ball, ein Quietschfotoapparat und eine Quietschgiraffe – lagen zu seinen Füßen. Er sah unglaublich knuddelig aus.

»Und dies hier ist ein Knochen. Jetzt wirst du ihn vielleicht noch nicht zu schätzen wissen, aber später dann. Und verwechsle das nicht – nur dieser Knochen ist dein Knochen. Irgendwelches Zeug aus dem Mülleimer oder herumliegende Knochen von verwesten Tieren draußen sind nicht für dich bestimmt. Verstanden?«
Na ja, schon, aber ich weiß nicht, ob ich mir das alles merken kann. Ich bin doch noch so klein und mein Gedächtnis ist kurz.
Johnny sah mich an. Ich musste lachen, weil er so drollig aussah.
»Jetzt zeige ich dir das Haus. Komm!«
Johnny blickte mich unschlüssig an. Komm? Was heißt denn das?
Was faselt sie nur? Aber bevor ich allein hier zurückbleibe, wo ich mich doch gar nicht auskenne, geh' ich lieber mit.
»Das ist das Badezimmer. In diesem Raum hast du nichts verloren. Die Tür ist die Grenze für dich. Außer wenn ich dich baden muss.«
Johnny beäugte interessiert das Badezimmer.
Nette Hütte. Weiß bloß nicht, wozu die so einen Riesentrinknapf brauchen, und da ist noch mal ein kleinerer mit einem Deckel drauf und einem Kasten drüber, oben an der Wand hängt auch noch einer und überall hängen bunte Lappen an der

Wand. Find' ich komisch, aber sonst ist es nett, ehrlich.

»Dies hier ist das Schlafzimmer von Mutti und Paps. Paps wirst du bald kennen lernen. Du kannst ruhig in das Zimmer reingehen, wenn du möchtest, aber spring ja nicht aufs Bett.«

Ach nö. Ist mir sowieso zu öde hier.

»Hier ist das Wohnzimmer. Hier werden wir abends öfter sitzen. Vielleicht legen wir noch eine Decke für dich hin. Du kannst deine Spielsachen mitnehmen und hier spielen.«

Spielen, au fein!

»Hier ist die Abstellkammer, aber die ist sowieso immer zu.«

Hier riecht's aber gut, ich will hier bleiben!

»Nein, nicht reingehen. Hier geht's weiter. Das ist das Gästezimmer, gleichzeitig Bügel- und Nähraum. Du musst dich mit Mutti einigen, ob du hier reindarfst. Das Gleiche gilt für die Küche, in die wir jetzt gehen. Da drüben ist das Esszimmer. Du kannst ruhig hinein, aber wenn du beim Essen bettelst, werfe ich dich raus.«

Johnny sah mich so verständig an, dass ich damit rechnete, dass er gleich »Okay, ich hab's kapiert« sagen würde. Oder: »Nichts darf ich berühren und kaputtbeißen! Ist das öde! Meine Mami hat mir das nicht verboten. Ich will zu meiner Mami!«

Meine Mutter war von Johnny fast genauso hingerissen wie ich. Sie ließ alles stehen, um ihn auf den Arm zu nehmen und zu knuddeln.

Als später mein Vater kam, war ich gespannt, was er sagen würde. Ist das der Hund? Na ja. Nett. Was gibt's zu essen?

Aber siehe da – mein Vater, der doch recht wenig Interesse gezeigt hatte, als es um die Auswahl des Hundes ging, weil er ja sowieso nicht viel damit zu tun haben würde, mein Vater war hin und weg. So kannte ich ihn gar nicht.

»Na, der ist ja niedlich!«, sagte er und bückte sich zu Johnny runter. Im nächsten Moment hatte er ihn schon auf dem Arm, streichelte ihn und redete mit ihm. In seinem Gesicht war plötzlich etwas von einem kleinen Jungen, für den ein lang gehegter Wunsch in Erfüllung gegangen ist.

Ich fragte mich unwillkürlich, wie mein Vater als kleiner Junge gewesen war. Es war auf jeden Fall komisch: Eines Tages würde ich in seinem Alter sein und er so alt wie meine Großeltern und vielleicht würde ich ein Kind haben und es würde ebenfalls denken, ich wäre als Erwachsene auf die Welt gekommen.

Alles nicht so einfach

In den nächsten Tagen merkte ich, dass nicht alles so einfach war mit einem kleinen Hund. Ich hatte zum Beispiel gedacht, wir würden jetzt gemeinsam durch die Gegend toben und so. Stattdessen brauchte Johnny noch sehr viel Schlaf und verpennte die meiste Zeit des Tages. Wobei er übrigens nicht in seinem Körbchen lag, sondern unter irgendwelchen Betten oder unter der Couch. Na ja – wenigstens unter und nicht auf.

Und wie ich mir das so gedacht hatte, dass ich zum Reitstall radeln würde und er würde nebenherlaufen – also, das ging überhaupt nicht. Dazu war er noch viel zu klein.

Die Tierärztin hatte mir bei unserem Besuch erklärt, dass Johnny erst nach seinem ersten Geburtstag neben dem Fahrrad herlaufen sollte. Dieses Problem löste ich, indem ich ihn in meinen Rucksack packte. Am Anfang war es etwas schwierig, weil Johnny dachte, Ziel dieses Spieles sei es, möglichst schnell wieder aus dem Rucksack herauszuklettern. Aber nach einer Weile ging es ganz gut.

Dann kam es, obwohl ich – meistens – aufpasste, ein paar Mal vor, dass er in die Wohnung machte.

Wenn er ein Häufchen zu machen gedachte, merkte ich es fast immer rechtzeitig, aber wehe, wenn er nur pinkeln musste. Das konnte er, wo er ging und stand – im wahrsten Sinne des Wortes. Manchmal, wenn er gerade am Spielen war, machte er sich nicht mal die Mühe stehen zu bleiben, sondern pinkelte im Laufen.

Wieso hatte mir eigentlich niemand gesagt, dass Hunde das können? Und so wurde mir der Griff zum Wischlappen schneller vertraut, als mir lieb war. Denn da Johnny mein Hund war, war es natürlich auch meine Aufgabe seine Hinterlassenschaften zu beseitigen. Die Teppiche wurden davon allerdings nicht unbedingt sauberer.

Schließlich schleppte ich Johnny noch öfter vor die Tür als vorher.

Auch mein Tagesablauf war gehörig durcheinander geraten. Ich komme morgens sowieso nicht so leicht aus dem Bett und jetzt musste ich noch früher aufstehen, um mit Johnny rauszugehen. Mittags, wenn ich heimkam, musste ich schon wieder vor die Tür mit ihm. Es ging zwar meistens recht schnell, aber trotzdem.

Den ganzen Nachmittag im Reitstall herumzuhängen war auch nicht mehr so einfach. Ich musste nämlich ständig auf Johnny aufpassen. Erst waren ihm die Pferde unheimlich vorgekommen, wie sie da mit ihren riesigen Nasen an ihm rumgeschnüffelt hatten und aus ihren Nasenlöchern kam immer gleich so viel Luft raus. Aber er hatte sich schnell daran gewöhnt. Jetzt stolperte er arglos zwischen den Pferdebeinen herum, wenn ich nicht Acht gab. Zweimal war mir das Blut in den Adern gefroren, als ich ihn sah, wie er den Boden unter dem Pferd und die Pferdebeine beschnüffelte. Von da an ließ ich ihn nicht mehr von der Leine, aber wenn ich ihn anband, während ich Westwind putzte, fing er an zu winseln und versuchte sich aus seinem Halsband zu befreien.

Zeitweilig konnte ich ihn in eine leere Box sperren, aber das passte ihm natürlich auch nicht, er winselte und jaulte. Außerdem kam es schon mal vor, dass Kinder, die ihn streicheln wollten, die Boxentür öffneten und er ihnen entwischte.

An vielen Tagen blieb ich daher nicht so lange im Stall wie gewöhnlich. Westwind musste ich manchmal vernachlässigen.

Nachmittags und abends schleppte ich Johnny mehrere Male vor die Tür. Nach dem Essen musste er meistens, aber manchmal dauerte es ewig, bis er sich endlich dazu bequemte. Wenn ich dann im Regen stand, während er herumliegende Blätter untersuchte und vor lauter Interesse vergaß sein Häufchen zu machen, dann verging es mir schon

manchmal. Wenigstens mussten wir keine allzu großen Runden drehen, weil Johnny noch nicht so lange laufen durfte.
Zweimal ging ich nicht mit ihm hinaus, nachdem er gefressen hatte. Es regnete, es kam ein guter Film im Fernsehen und ich hatte keine Lust. Einmal ging es gut, das andere Mal setzte Johnny zehn Minuten später ein Häufchen in den Flur. Ich durfte es wegmachen und war nicht gerade begeistert darüber.
Als meine Mutter mitbekam, dass ich daran schuld war, weil ich keine Lust gehabt hatte, mit ihm vor die Tür zu gehen, wurde sie stocksauer. »Hast du denn immer noch nicht begriffen, dass du die Verantwortung für den Hund hast und dich um ihn kümmern musst? Wie soll er stubenrein werden, wenn du mit ihm vor die Tür gehst, wann es dir gerade passt und wann dir das Wetter genehm ist? Außerdem hast du ihn heute zwei Stunden später gefüttert als sonst. Du weißt doch, dass er sein Futter immer zur gleichen Zeit bekommen soll.«
»Ich hatte es vergessen«, versuchte ich mich zu entschuldigen und wusste im gleichen Augenblick, dass das keine Entschuldigung war. Aber immer noch besser als die Wahrheit, dass ich nämlich ein spannendes Buch gelesen hatte und nicht unterbrechen wollte.

»Vergessen? Du kannst so etwas doch nicht einfach vergessen! Habe ich vielleicht jemals vergessen, dich zu füttern als du noch klein warst?« Das war unfair, daran konnte ich mich doch gar nicht mehr erinnern. »Im Übrigen fällt mir durchaus auf, dass du in dieser Hinsicht öfter etwas schlampig bist. Das muss sich ändern, ist das klar?«

»Jaaa«, murmelte ich und war sauer auf Johnny, weil ich seinetwegen angemotzt wurde.

Ich muss zugeben, dass ich zeitweilig genervt war. Alles war so anders.

Alles drehte sich nur noch um Johnny. Ich musste meinen ganzen Tagesablauf nach ihm richten, musste immer auf ihn aufpassen, damit er keinen Unsinn anstellte, und ich konnte nicht mehr gehen, wann und wohin ich wollte, wenn niemand zu Hause war, der sich um ihn kümmerte.

Außerdem wollte ich ihn auch nicht dauernd meiner Mutter unterschieben, sonst würde ich mir noch kritische Bemerkungen anhören müssen. Hast du schon das Interesse verloren? Wenn du ihn nicht mehr willst, geben wir ihn wieder weg. Wir haben gleich gesagt, wir können uns nicht immer um den Hund kümmern.

Als ich mich vorsichtig bei Corinna erkundigte, ob ihr das nicht auf die Nerven ging, dass man alles nach dem Hund richten musste, konnte ich mir anhören: »Ach, das ist doch selbstverständlich, da gewöhnt man sich dran. Man ist schließlich für ihn verantwortlich. Und man hat doch auch so viel Freude mit einem Hund.«

Ich fragte sie lieber nicht mehr, warum sie mir nicht vorher gesagt hatte, was für eine Umstellung mit einem Hund verbunden ist. Sie hatte es wohl gesagt. Alle hatten es gesagt, aber ich hatte es nicht begreifen wollen.

In einem hatte Corinna Recht: Man gewöhnt sich daran. In der nächsten Zeit wurde Johnny einigermaßen stubenrein. Ich kannte langsam seinen Verdauungsrhythmus und musste nicht ständig mit ihm vor die Tür. Außerdem begriff er allmählich, was ich damit bezweckte, wenn ich ihn vor die Tür schleppte und »Geh pinkeln« sagte. Dann war ich stolz auf ihn, weil er so intelligent war.

Er wurde nun aufgeweckter und schlief nicht mehr so viel. Ich konnte mehr mit ihm anfangen und öfter mit ihm spielen. Er wurde neugierig und untersuchte alles. Leider musste ich jetzt verstärkt aufpassen, dass er keine Möbel und dergleichen anknabberte. So ganz klappte das nicht immer. Einmal saß ich auf meinem Bett und las, während er im Haus herumlief. Ich konnte mich wieder mal nicht von meinem Buch trennen.

Er wird schon nichts anstellen, dachte ich und las

weiter. Leider falsch gedacht. Als wenig später meine Mutter nach Hause kam, hörte ich sie mit Johnny schimpfen. Wenige Augenblicke danach erschien sie mit einem meiner Lieblingsschuhe und warf ihn mir auf die Couch. Er war völlig zerbissen. »Kannst du denn nicht einmal auf den Hund aufpassen, wenn du zu Hause bist? Er lernt doch nie, welche Sachen er in Ruhe zu lassen hat, wenn du ihn den ganzen Nachmittag auf deinen Schuhen rumkauen lässt.«

Sie drehte sich wütend um und ging wieder. Ich betrachtete meinen ehemaligen Lieblingsschuh – nichts mehr zu machen.

Johnny kam schwanzwedelnd angewackelt, aber ich schob ihn missmutig weg. »Hau bloß ab! Du hast meinen Schuh kaputtgemacht. Kann man dich nicht einmal fünf Minuten allein lassen? Nimm gefälligst deine eigenen Spielsachen!« Ich redete nicht sehr laut, denn wenn meine Mutter mich hören würde, würde sie sich erst recht aufregen, weil ich dem Hund die Schuld gab.

Trotz allem musste ich oft über ihn lachen, auch da hatte Corinna Recht behalten. Er war so niedlich. Alles, was er tat, sah drollig aus. Manchmal, wenn ich mit ihm schimpfte, saß er vor mir und schaute so aufmerksam oder auch schuldbewusst drein, dass ich mir das Lachen verbeißen musste.

Im Garten entdeckte er ständig etwas Neues. Er versuchte Fliegen zu fangen oder beobachtete fasziniert Käfer, die über den Boden krabbelten. Im Stall war es seine Lieblingsbeschäftigung, Heu- oder Strohballen auseinander zu reißen. Er knurrte die Ballen an, sprang um sie herum und zog und zerrte am Heu oder Stroh.

Jeder, der ihn sah, brach in Verzückung aus. »Ach, ist der niedlich!«

Ein bisschen stolz war ich dann schon auf Johnny – obwohl es ja nicht mein Verdienst war, dass er so nett aussah. Außerdem war es nur eine Frage der Zeit, bis die Leute ihn ängstlich ansehen und »Beißt er?« fragen würden.

Einmal ging ich mit ihm zur Post. Auf der anderen Straßenseite ging ein Mann mit seinem Hund, einem Irischen Setter, in die entgegengesetzte Richtung. Johnny starrte dem Setter begeistert hinterher. Ich beobachtete Johnny und blickte gerade wieder nach vorn, als ich die Mülltonne sah.

Halt, wollte ich rufen und an der Leine ziehen, aber zu spät: Johnny war schon gegen die Mülltonne gerannt. Verdutzt blickte er mit einem ungeheuer dämlichen Gesichtsausdruck erst die Mülltonne und dann mich an. Ich lachte mich fast kaputt und musste mich schließlich vor Lachen mitten auf den Gehweg setzen.

Reitlehrer haben's schwer

Heute im Reitstall hatte ich Glück: Tini bot sich an, auf Johnny aufzupassen, während ich ritt. Sie hatte Quinta heute schon geritten. Quinta war fabelhaft gegangen und hatte ihre Probleme jetzt endgültig überwunden.

Es war die erste Trainingsstunde für das Abzeichen. Fichte hatte inzwischen die Pferde verteilt – außer mir ritt nur noch ein Mädchen auf Westwind. Zum Glück nicht die Type, die überhaupt nicht reiten konnte. Das Mädchen, dem Fichte Westwind zugeteilt hatte, ritt recht anständig. Ich hatte keine Bedenken, sie auf ihm reiten zu lassen, gnädig wie ich nun mal war.

Wir hatten zwei Gruppen gebildet. In meiner Gruppe waren Corinna mit Lemon, Anne mit Lilifee, Kathrin mit Sahara, Martina auf Granada und Simone auf Hamlet. Nur eine Schulpferdreiterin in der zweiten Gruppe hatte sich entschließen können, auf Max, genannt Piggy, das Abzeichen zu machen. Piggy, ein dunkelbrauner Wallach, sieht so aus, wie sein Name vermuten lässt: ziemlich rund. Außerdem, um es mit Fichtes Worten zu sagen, hat er das Pulver nicht erfunden.

Tini war sauer auf Fichte, weil er ihr klipp und klar gesagt hatte, dass er es nicht für sinnvoll halte, auf Quinta das Abzeichen zu versuchen. Sie sei einfach zu unzuverlässig. Bestimmt würde sie sich unter den veränderten Bedingungen während der Prüfung, noch dazu mit Zuschauern, wieder furchtbar aufregen. Selbstverständlich könne niemand Tini davon abhalten, es mit Quinnie zu versuchen. Andererseits könne sie auch gern ein Schulpferd haben.

Leider hatte Tini zu lange gezögert und jetzt waren außer Piggy alle Schulpferde vergeben. Von der spritzigen Quinta auf den faulen Piggy umzusteigen war allerdings eine ziemliche Umstellung. Besonders sympathisch war er Tini auch nicht, also lehnte sie dankend ab.

Natürlich überlegte sie zuerst, es doch auf Quinnie zu versuchen, und wir hörten Sprüche wie: »Fichte werde ich's zeigen, der wird sich wundern«, auf die wir allerdings nicht viel gaben. Und das mit Recht, wie sich schnell zeigte, denn Tini entschloss sich am Ende doch, es bleiben zu lassen.

Es wusste ja sowieso jeder, dass Fichte Recht hatte: Quinta war noch lange nicht soweit und würde es vielleicht nie sein.

Ich fand es schade, dass Tini als Einzige von uns nicht mitmachte. Sie behauptete, sie habe momentan sowieso keine große Lust das Abzeichen zu machen. Ich schätze mal, dass sie da ein bisschen geschwindelt hat. Aber vielleicht klappt es ja im nächsten Jahr.

Die heutige Stunde war eine Dressurstunde. Westwind zeigte sich von seiner besten Seite. Wenn er so bei der Prüfung gehen würde, bräuchte ich mir keine Sorgen zu machen. Aber wer weiß? Vielleicht hatte er gerade an diesem Tag schlechte Laune, weil der Pfleger morgens die Tür ein wenig zu laut geschlossen hatte oder weil das Heu nicht so würzig war wie sonst. Oder weil ihm die Sonne zu sehr auf den Rücken brannte.

Auch Fichte war nach dieser Stunde sehr zufrieden mit uns. Wir setzten uns noch im Reiterstübchen zusammen und hielten eine Theoriestunde ab.

Wegen der Theorie hatte ich mir zunächst keine allzu großen Sorgen gemacht. Ich las schließlich ein Pferdebuch nach dem anderen, da blieb doch einiges hängen.

Dachte ich zumindest. Aber was man nicht so alles denkt ...

Ist es übrigens noch nötig zu erwähnen, dass Johnny unverschämterweise nicht am Theorieunterricht teilnehmen wollte? Er langweilte sich gewaltig, wollte spielen und gestreichelt werden und alles untersuchen.

Ich versuchte ihn zu überreden, ein Stündchen zu schlafen, aber er hielt überhaupt nichts davon und zeigte deutlich: Ich bin nicht müde, ich will spielen! Endlich fanden wir eine Beschäftigung für ihn – er durfte Fichtes Reitstiefel ablecken. Fichte hat nämlich Lederreitstiefel. Unsere Gummistiefel waren Johnny wohl nicht fein genug. So lag er dann da und schlabberte hingebungsvoll an Fichtes Reitstiefeln.

Der Stalldreck war hinterher zwar weg, aber es wäre stark übertrieben zu behaupten, die Stiefel seien sauber gewesen.

»Wie sieht es am Samstag mit euch aus? Ich biete einen Dreistundenausritt zum Preis von zwei Stunden, als Vorbereitung für den Umzug. Wir wollen mal sehen, ob unsere Pferde auch genug Kondition haben.«

Sofortige Zustimmung. »O ja!«, rief auch ich, denn schon das Wort »Umzug« ließ meinen Magen kribbeln vor Aufregung und Vorfreude. Dann musste ich allerdings abbremsen: »Aber nur, wenn ich Johnny zu Hause lassen kann.«

»Bis wann weißt du das?«

»Ich frage gleich heute und sage es Ihnen dann morgen.«

Vielleicht hatten meine Eltern was dagegen, dass ich am Samstag schon wieder zwei Reitstunden nehmen wollte. Die waren schließlich nicht gerade umsonst zu haben. Durch die Vorbereitung zum Abzeichen ritt ich sowieso schon drei Stunden pro Woche statt zwei. Und dann wollte ich ihnen auch noch Johnny aufhalsen. Ich sah sehr geringe Begeisterung voraus.

In der Theoriestunde waren wir mit der anderen Gruppe zusammen, die aus sechs Schulpferdreitern bestand.

Anne war dieses Jahr die einzige Privatreiterin, die das Abzeichen machen wollte.

Nach der Theoriestunde sahen wir der anderen Gruppe zu, die heute springen sollte. Das war immer recht interessant.

Die Hindernisse sahen von der Tribüne aus gar nicht so schlimm aus, das beruhigte mich etwas. Ich bin nämlich keine große Springreiterin, hatte zwar ein paar Mal an der wöchentlichen Springstunde teilgenommen – und war gar nicht so schlecht gewesen –, aber trotzdem. Mal abgesehen davon, dass ich mir einen Parcours mit mehr als zwei Sprüngen einfach nicht merken kann, ist mir das alles viel zu hektisch.

Unsere Schulpferde als Springwunder zu bezeichnen, wäre auch eine glatte Lüge. Westwind und Lemon gehen noch am besten. Sahara springt zwar wunderbar, regt sich aber sehr leicht auf und will alles so schnell wie möglich hinter sich bringen. Granada und Hamlet haben ein Schulpferdeüberlebenstraining absolviert und nutzen es gnadenlos aus, wenn der Reiter leichte Anzeichen von Unentschlossenheit erkennen lässt.

Und Piggy? Na ja. Er springt schon. Aber in einem Tempo, dass man bei jedem Hindernis befürchtet, er würde es nicht bemerken, weil er bereits schläft. Im Gegensatz zu den meisten Pferden, die nur im Stehen schlafen können, kann Piggy das auch während des Galopps.

Die Springstunde versprach also recht unterhaltsam zu werden.

Fichte hatte zwar nur zwei Hindernisse aufgebaut, die schräg in der Mitte der Bahn standen, sodass man zweimal durch die ganze Bahn wechseln musste, um sie zu springen, aber das genügte für den Anfang.

Westwind war der Erste. Lisa überwand mit ihm die beiden Sprünge ohne größere Probleme, zumindest sah es für uns so aus. Fichte hatte natürlich wieder eine Menge zu kritisieren – aber wann haben Reitlehrer das nicht!

Da Sahara schon anfing zu tänzeln, kam sie als Nächste dran, bevor sie sich noch mehr aufregen konnte. Fichte wies Stefan, den einzigen Jungen in unserem Kurs, an, erst wenige Meter vor dem

ersten Sprung anzugaloppieren. Es klappte nicht ganz so, wie Fichte sich das wohl vorgestellt hatte. Als Stefan in der Ecke abwendete und Sahara wusste, dass es jetzt auf den Sprung zuging, raste sie ohne Zögern los, fegte über den Sprung, als wäre er eine popelige Stange, raste in Schräglage durch die Ecken, dass die Steigbügel fast den Boden berührten, und überwand den zweiten Sprung in der gleichen Weise.
Fichte war erwartungsgemäß wenig begeistert. Er runzelte die Augenbrauen und hatte diesen Das-kann-ja-was-werden-Blick.
Sahara musste noch zweimal springen, aber es wurde nicht viel besser. Danach brauchte Fichte wohl eine Pause, in der sich seine Nerven beruhigen konnten, also kam Lemon als Nächster dran. Lemon – heute wieder elegant mit gelbem Mistfleck auf weißem Hinterteil – und seine Reiterin Marie sprangen die beiden Hindernisse sehr anständig.
Jetzt fühlte sich Fichte offenbar stark genug für Hamlet. Hamlet ist ein dunkler Apfelschimmel, deswegen fiel bei ihm der Mistfleck am Bauch nicht so auf. Er galoppierte in der Mitte der kurzen Seite willig an, wendete brav ab, hielt auf den Sprung zu und stellte dann bei seiner Reiterin Andrea offenbar die erwähnten Anzeichen von Unsicherheit fest. Denn vor dem Sprung blieb er

stehen, senkte höflich den Kopf, um Andrea eine bessere Flugbahn zu verschaffen, und sah dann interessiert zu, wie sie mit einem perfekten Salto den Sprung allein, aber in vollendetem Stil überwand. Als Andrea wieder aufgestanden war, klatschte Fichte Beifall und sagte trocken: »Nachdem du Hamlet jetzt gezeigt hast, wie es geht, das Ganze bitte noch mal mit ihm. Es ist allerdings nicht nötig, dass Hamlet auch den Salto macht.«

Wir auf der Zuschauertribüne kicherten vor uns hin, aber nur hinter vorgehaltener Hand. Fichte kann kichernde Zuschauer nicht leiden. Und wir würden ja auch noch drankommen.

Andrea zeigte jetzt etwas mehr Entschlossenheit. Hamlet allerdings auch. Er blieb wieder stehen und sie landete auf seinem Hals.

Danach war Andrea ernsthaft wütend. Das sah nicht gut aus für Hamlet.

Als er beim dritten Anreiten gerade im Begriff war, wieder stehen zu bleiben, bekam er einen kräftigen Schlag mit der Gerte und sprang im letzten Augenblick. Für den Reiter ist es immer blöd, wenn das Pferd im letzten Moment springt – man fliegt erst zurück und dann vor, was für das Pferd bestimmt auch nicht angenehm ist. Andrea hatte zwar noch in die Mähne gegriffen, aber sehr elegant sah es trotzdem nicht aus, wirklich.

Fichte war auch von dieser Vorführung verständlicherweise nicht übermäßig begeistert. Andrea musste noch mal springen und jetzt klappte es endlich einigermaßen.
Dafür sprang Granada wenig später sehr anständig. Wir waren alle überrascht.
Blieb noch Piggy. Miriam, die ihn ritt, war vor Anstrengung knallrot. Mit ihren hellblonden Haaren erinnerte sie an eine reitende Tomate mit Strohhut. Mitte der kurzen Seite trieb sie Piggy energisch in den Galopp, zumindest erkannten wir, dass sie es versuchte. Es wurde leider nur ein fauler Trab. Nach der Ecke gelang es ihr dann endlich, Piggy zum Galoppieren zu bewegen, allerdings so langsam, dass er mit den Hinterbeinen fast noch trabte. Es erinnerte stark an eine Zeitlupenaufnahme.
»Wetten, dass er stehen bleibt?«, flüsterte ich zu Corinna hinüber.
»Ich wette nicht, wenn ich weiß, dass ich verliere.«
Zentimeter um Zentimeter schob sich Piggy an das Hindernis heran, während Fichte mit den Armen wedelte und »Treiben, treiben!« rief.
Miriam trieb ja, aber ohne Erfolg.
»Piggy galoppiert so langsam, dass man bei jedem Galoppsprung die Beinfolge aufsagen kann«, flüsterte Kathrin grinsend.
Jetzt waren die beiden vor dem Sprung. Piggy

musste unsere Gemeinheiten gehört haben und hatte sich flugs etwas Neues ausgedacht. Wenn man so langsam auf einen Sprung zugaloppiert, hat man ja auch genügend Zeit dazu. Sahara könnte so etwas nicht passieren.

Piggys neue Idee war, alle – am meisten die eigene Reiterin – damit zu überraschen, doch zu springen und dann, wenn alle aufatmeten, stehen zu bleiben. Unmittelbar nach dem Sprung.

Miriam hatte sich also gedanklich bereits auf Verweigern eingerichtet – obwohl man doch beim Springen sein Herz vorauswerfen soll – und war daher völlig hinter dem Sprung. Als Piggy nach dem Sprung stehen blieb, flog Miriam vor, warf Piggy die Arme um den Hals, rutschte aus dem Sattel und stand schließlich direkt vor ihm, immer noch die Arme um seinen Hals.

Irrte ich mich oder grinste Piggy hinterhältig?

Auch diese Darbietung, so einfallsreich und gelungen sie war, fand nicht Fichtes Beifall. »Noch mal – und jetzt etwas flotter, bitte!«, knurrte er.

Miriam grinste beschämt, stieg wieder auf und versuchte das Ganze noch einmal. Immerhin schaffte Piggy jetzt den korrekten Dreitakt im Galopp. Wieder überwand er mit der Eleganz einer trächtigen Sau den Sprung und wieder wollte er stehen bleiben, aber Miriam griff im gleichen Augenblick

energisch zur Gerte. Piggy galoppierte gemächlich weiter und sprang tatsächlich auch über das zweite Hindernis. Hier genügte bereits die Andeutung eines Gertenhiebs, um ihm weitere fünf Galoppsprünge abzuringen.
Dann parierte Miriam fix und fertig durch und keuchte vor sich hin. Piggy keuchte nicht.
Fichte wollte ursprünglich wohl etwas sagen wie: »Bitte noch mal«, aber Miriams körperlicher Zustand ließ keinen Zweifel daran, dass es keine Wiederholung geben würde.

Am Abend fragte ich bei meiner Mutter wegen Samstag an. Zu meiner Überraschung hatte sie nichts dagegen. Sie wollte im Garten arbeiten und würde sich über Johnnys Gesellschaft freuen. Auch mein Vater nickte später nur, als meine Mutter es ihm nebenbei erzählte.
»Dann haben wir unseren Liebling ja den ganzen Nachmittag bei uns«, freute er sich.
Unseren Liebling?
Ich stellte fest, dass mein Vater von Johnny zunehmend begeistert war. Von wegen: »Ich habe sowieso nicht viel mit dem Hund zu tun.«
Johnny hier, Johnny da. Hat Johnny aufgegessen? Hat Johnny zu trinken? Hat Johnny draußen ein Häufchen gemacht?

Na, mir konnte es recht sein. Das war doch wesentlich besser als: »Muss das Vieh jeden Abend hier im Wohnzimmer rumhängen? Und überall tritt man auf seine Spielsachen!«

Am Samstagvormittag hatte ich eine Idee. Sofort rief ich Corinna an.
»Du, Corinna, was hältst du davon, wenn wir mal im Tierheim vorbeischauen und Maja – du weißt schon: Johnnys Mutter – besuchen?«
»Gute Idee! Vielleicht können wir sie auf einen Spaziergang mitnehmen?«
»Meinst du, das geht?«
»Wieso nicht? Die im Tierheim sind doch froh, wenn jemand mit den Hunden spazieren geht. Ich nehme Micky mit.«
»Treffen wir uns in einer Viertelstunde an der Kreuzung?«
»Ist gut.«
Johnny war natürlich immer noch zu klein, um neben dem Fahrrad herzulaufen, also packte ich ihn wieder in den Rucksack. Das kannte er ja mittlerweile schon.
Er streckte dann den Kopf heraus und sah sich interessiert alles an. Wenn irgendwelche Leute ihn entdeckten, lachten sie immer und meinten: »Ach, wie süß!«

Frau Schmalhofer vom Tierheim freute sich, uns und vor allem Johnny zu sehen.
»Na, es scheint ihm ja recht gut zu gehen«, meinte sie. Was hatte sie denn gedacht!
Sie fragte, wie ich zurechtkomme, und ich versicherte: »Gut, bestens.« Ich verschwieg, dass ich nicht immer voll begeistert war, meinen Tagesablauf völlig nach Johnny ausrichten zu müssen. Das sagte ich niemandem, weil es sowieso nichts gebracht hätte. Was hätte ich schon zu hören bekommen? Hast du dir das nicht vorher überlegt? Wir haben es dir doch gesagt. Was willst du – ihn wieder weggeben?
Nein, weggeben wollte ich ihn bestimmt nicht. Aber manchmal dachte ich schon daran, wie ungebunden ich gewesen war, als ich Johnny noch nicht hatte. Doch damit konnte ich meinen Eltern nicht kommen.
Abgesehen davon hatte ich den Eindruck, dass auch sie Johnny nicht mehr hergeben wollten. Sie hatten ihn doch sehr lieb gewonnen.
»Und was sagt dein Vater zu ihm?« Frau Schmalhofer hatte anscheinend ein gutes Gedächtnis.
»Er nennt ihn unseren Liebling«, erzählte ich ihr lachend.
Wir fragten, ob wir Maja auf einen kleinen Spaziergang mitnehmen könnten. Frau Schmalhofer

sagte nur: »Aber selbstverständlich, gern, jederzeit, ich hole sie« und war schon weg.

Johnny freute sich, seine Mutter wieder zu sehen, und sprang schwanzwedelnd um sie herum. Wir ließen alle drei Hunde laufen und hatten unseren Spaß daran, wie sie herumtobten.

Johnny machte schließlich als Erster schlapp. Fix und fertig trottete er neben uns zurück zum Tierheim und war froh, als ich ihn wieder in den Rucksack packte. In diesem Augenblick, als er mich so lieb ansah, da spürte ich richtig die berühmte warme Welle der Zuneigung zu ihm.

Nein, hergeben würde ich ihn bestimmt nicht mehr.

Starauftritt

Um halb zwei war ich im Reitstall und machte Westwind fertig. Fichte sattelte heute nicht seinen Denny, sondern sein neues Pferd Desert Star, eine hochelegante und bildschöne fünfjährige Fuchsstute mit einer schmalen Blesse und phantastischen Gängen.

»Das wird mein S-Dressurpferd«, erklärte Fichte jedem, der ihm über den Weg lief.

So was hätte ich auch gern erzählt: Das hier ist

mein neues Springpferd und diese beiden sind meine neuen Dressurpferde. Erstklassig. Ich werde sie selbst ausbilden. Ich sehe Sie dann wohl auf dem Turnierplatz wieder. Seien Sie nicht böse, wenn Sie hinter mir platziert werden, aber vor dem ersten Platz gibt es nun mal leider nichts.

Desert Star war recht brav, nur manchmal etwas nervös und unruhig. Sie war erst einige Wochen hier und noch nicht so vertraut mit allem.

Wir ritten diesmal einen Weg, den wir noch nicht kannten. Viel Schritt, teilweise über hügeliges Gelände, zwischendurch mal ein Trab oder auch ein Galopp. Ein gemütlicher Ritt – genau zwei Stunden und fünf Minuten lang. Aber dann!

Auf einem breiten Weg – rechts Wald, links Wiese –, auf dem wir zu dritt nebeneinander reiten konnten, erschrak Sahara über ein aufgescheuchtes Reh. Die anderen Pferde spitzten bloß die Ohren, aber Desert Star wollte gleich losstürmen.

Fichte parierte sie sofort durch, sie tänzelte ein paar Schritte nervös und lauschte aufgeregt nach allen Seiten.

Als dann diese weiße Papiertüte angeweht kam, flippte Desert Star aus. In gestrecktem Galopp raste sie los. Sahara wollte hinterher, aber Anne hatte ihre fünf Sinne beieinander und stellte Lilifee quer. So konnte Kathrin Sahara halten.

Wir alle starrten wie gelähmt Fichte hinterher, dem es nicht mehr gelang, Desert Star durchzuparieren. Das erübrigte sich jedoch ohnehin schon im nächsten Moment, als eine Familie mit zwei kleinen Kindern – offensichtlich auf einem Spaziergang unterwegs – aus einer Biegung auf den Weg trat.

Desert Star machte vor Entsetzen eine so überraschende Wendung, dass unser hoch geschätzter Fichte nicht mehr mitkam und einfach geradeaus »weiterritt«.

Er flog den Leuten direkt vor die Füße.

Gestatten, mein Name ist Georg Tanner, ich bin Reitlehrer.

Ein Kind flüchtete zu seinem Vater, das andere fing vor Schreck an zu heulen. Desert Star raste derweil über die Wiese und war gleich darauf im angrenzenden Wald verschwunden.

Wir sahen uns an. Sollten wir hinter ihr herreiten? Dann würde Star wahrscheinlich nur noch mehr rennen. Hoffentlich war Fichte nichts passiert. Es war das erste Mal, dass wir ihn vom Pferd hatten fliegen sehen. Und dann gleich so weit.

Wir ritten im Schritt hin. Fichte rappelte sich gerade hoch und sagte etwas zu den Leuten.

Tut mir wirklich Leid, dass ich Ihren Spaziergang gestört habe.

Als wir sahen, dass Fichte in Ordnung war, konnten wir uns das Grinsen nicht verkneifen.
Sehr elegant, Fichte, aber jetzt das Ganze bitte noch mal mit Pferd. Günstig wäre auch, wenn Sie Ihre Stunts so planen würden, dass Sie das Leben unschuldiger Spaziergänger nicht gefährden.
Das Grinsen wurde breiter. Fichte erreichte mit seinem grimmigen »Grinst nicht so doof! Habt ihr noch nie einen Reitlehrer vom Pferd fallen sehen?« eher das Gegenteil von dem, was er wollte. Nein, hatten wir noch nie.
Als dann Corinna mit einem gut gemeinten »Guten Tag auch« versuchte, bei den Leuten das Ansehen unseres Stalles zu heben, war es aus. Wir brüllten vor Lachen.
Fichte stand da und fing selbst an zu grinsen, das Ehepaar lächelte vorsichtig. Bloß die Kinder heulten noch lauter.
Fichte wandte sich an Simone. »Du bist die Leichteste, du setzt dich hinter den Sattel und ich reite Hamlet.«
Simone starrte ihn entgeistert an. »Äh, wie?«
»Na, steig mal ab.«
Simone stieg unsicher ab. Fichte stieg auf und hielt ihr dann den Arm hin. Simone stieg wieder auf und nahm hinter Fichte auf der Kruppe Platz. Hamlet hatte erst einen ziemlich unbehaglichen Gesichts-

ausdruck und buckelte leicht, aber dann gewöhnte er sich daran.

»Und jetzt?«, fragte Anne.

»Hm. Jetzt reiten wir erst mal in die Richtung, in die Star abgehauen ist. Also, wo ist das?«

Wir grinsten schon wieder. Fichte hatte wohl während des Fluges sein Pferd aus den Augen verloren. Abgesehen davon – sollte man nicht angeblich immer die Zügel in der Hand behalten?

»Sie ist über die kleine Wiese und dann in den Wald dahinten«, sagte ich.

»Vielleicht ist sie schon auf dem Weg in den Stall«, warf Martina ein.

»Ich weiß nicht, sie ist noch nicht lange bei uns. Vielleicht findet sie den Weg nicht. Reiten wir erst mal hinterher, zurück können wir immer noch.«

»Sie scheint ziemlich nervös zu sein«, bemerkte Anne.

»Ach was. Sie ist eben noch neu hier. Das wird sich bald geben.«

Ich sah Anne an. Sie dachte das Gleiche wie ich und so konnte ich es mir nicht verkneifen. »Ja, bald wird sie ihre Probleme überwunden haben.«

Fichte blickte mich kurz an und grinste dann ohne etwas zu erwidern.

Wir kamen in den Wald. Von Desert Start war weit und breit nichts zu sehen. Nicht einmal Hufspuren.

Wir ritten noch ein Stück weiter, dann gabelte sich der Weg dreifach. Nirgendwo eine Spur von Fichtes Stute.

Ich suchte nach irgendwelchen abgebrochenen Zweigen, wie man das im Fernsehen immer sieht, aber entweder sind die Pferde im Fernsehen viel dicker als Star oder die Wege schmaler, jedenfalls fand ich nichts.

»Sie ist wohl doch in den Stall gelaufen. Kehren wir um. Wenn sie nicht da ist, reite ich gleich noch mal los und suche sie.«

»Ich helfe Ihnen«, bot Anne an.

»Wir helfen alle«, sagten wir. Es war zweifelsohne kein schöner Gedanke, dass das eigene Pferd irgendwo in der Gegend herumirrt.

Vielleicht konnte ich Star von Johnny suchen lassen? Ich würde ihn in ihrer Box Witterung aufnehmen lassen und dann würde Johnny zielstrebig losziehen und Desert Star finden, die sich in große Gefahr gebracht hatte.

Möglicherweise war sie einen Abhang hinuntergerutscht und drohte jetzt ganz hinunterzustürzen, irgend so etwas, auf jeden Fall hoch dramatisch – und Johnny fand sie in letzter Sekunde. Wir konnten sie gerade noch retten. Ich leistete dabei die Hauptarbeit. Fichte war so dankbar, dass er sie mir schenkte.

Dass Johnny noch viel zu klein war, so eine große Strecke zu laufen, und in Stars Box, anstatt Witterung aufzunehmen, höchstens das Stroh angreifen und Pferdeäpfel zu fressen versuchen würde, ignorierte ich.

Aber Johnnys und meine Heldentaten erübrigten sich sowieso. Als wir im Stall eintrafen, stand Star bereits in ihrer Box und malmte Heu, während einige besorgte Reiter und Reiterinnen bei unserem Auftauchen erleichtert riefen: »Sie sind da, er ist unverletzt!«

Fichte tat so, als würde er seinen Sturz unheimlich lustig finden, um allen, die ihn deswegen aufziehen wollten, von vornherein den Wind aus den Segeln zu nehmen.

»Und da sage ich: ‚Star, lass mich bitte absteigen, ich möchte den Leuten dort guten Tag sagen. Vielleicht können wir die Kinder als Reitschüler gewinnen.' Und sie sagt: ‚Aber klar doch, kein Problem, ich kann nur leider nicht warten, muss dringend in den Stall zurück, bis nachher also!'«

Lauter schlechte Nachrichten

Die nächste Zeit war geprägt von der Vorfreude auf die Ferien, den Umzug und das Abzeichen. Wir machten gute Fortschritte, auch mit dem Springen klappte es einigermaßen.
Fichte wollte die Prüfung Anfang September stattfinden lassen. Das war nicht einfach, da zu der Zeit noch Turniersaison war und die meisten Richter auf irgendwelchen Turnieren herumsaßen.
»Wenn wir das Abzeichen haben, könnten wir eigentlich auch mal an einem Turnier teilnehmen«, meinte ich zu Corinna. »Wir reiten doch jetzt schon viel besser.«
»Ich habe auch schon daran gedacht. Vielleicht im September, wenn unser Verein wieder sein Turnier abhält?«
»Hm. Wir könnten Fichte bei Gelegenheit mal darauf ansprechen.«
»Ja, aber erst nach dem Umzug. Es eilt ja noch nicht so. Wir wollen ihn nicht überfordern.«
Es war Donnerstag in der ersten Ferienwoche, drei Tage vor dem Umzug. Übermorgen würden wir bereits losreiten. Ich konnte es kaum noch erwarten. Am liebsten hätte ich jedem davon erzählt.

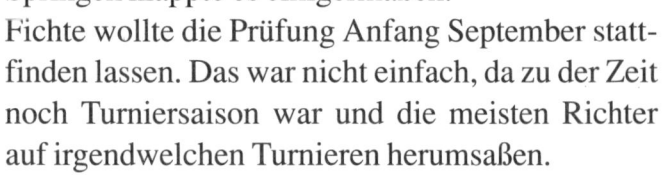

He, schauen Sie mich an, am Sonntag werden Sie mich beim Umzug mitreiten sehen. Möchten Sie ein Autogramm? Ich habe zufällig ein Foto bei mir.
»Schade, dass meine Eltern mich nicht sehen, wenn ich jetzt endlich mal mitreiten kann.« Corinna seufzte. Ihre Eltern fuhren übers Wochenende weg. Micky nahmen sie mit.
»Meine werden dich fotografieren. Ist doch auch was«, meinte ich. »So, Johnny und ich müssen los, das Abendessen ruft. Bis morgen!«
»Tschüs!«
Ich packte Johnny in den Rucksack. Er wurde allmählich zu groß dafür. Ich würde mir etwas anderes einfallen lassen müssen, bis er alt genug war, um die ganze Strecke neben dem Fahrrad herzulaufen. Vielleicht ein kleines Wägelchen, das ich an das Rad binden würde? Oder ein Spielzeuglastwagen, auf dessen Ladefläche er Platz nehmen konnte. Die Leute würden entzückt sein.
Während ich heimradelte, waren meine Gedanken – wer hätte das gedacht – beim Umzug. Mir schwebte ein Motiv für ein Foto vor: ich auf Westwind und Johnny auf meinem Arm. Das würde sich bestimmt arrangieren lassen, wir müssten eben schnell machen, um nicht den ganzen Umzug aufzuhalten. Sonst käme ich womöglich noch ins Radio: Hier eine Verkehrsdurchsage – bei einem

Umzug in Schönach haben sich fünf Kilometer Stau gebildet, da sich das Fotografieren einer Reiterin umständlicher gestaltet als erwartet.
Vielleicht konnte man das Bild auch an die Zeitung schicken. Großer Bericht über den Umzug, ein noch größeres Bild von uns. Ich mit strahlendem Lächeln, Johnny mit knuddeligem Gesicht, Westwind stolz und erhaben. »Johnny, einer der jüngsten Teilnehmer beim diesjährigen Umzug« als Bildunterschrift. Oder »Der Reitverein Kirchbach schickt seine hübschesten Mitglieder.« Das wäre noch besser.
Ich stellte das Fahrrad in die Garage und ließ Johnny aus dem Rucksack.
»Komm, Johnny, schauen wir mal, was Mutti uns zu essen gemacht hat.«
Johnny sah mich kurz an und blickte dann irgendwohin, wo nur er etwas sah, als würde er angestrengt nachdenken. Schließlich ging er auf den Rasen, um zu pinkeln.
Ich lachte und lobte ihn. »So ein braver Hund, fein! Ich bin stolz auf dich!«
Johnny freute sich, weil ich mich freute, und kam unternehmungslustig angewackelt.
»Was, schon wieder spielen? Nein, jetzt habe ich Hunger. Komm, wir gehen rein.«
Meine Mutter fegte gerade aufgeregt die Treppe

hoch und schleppte eine Tasche mit sich. »Sabrina?«, rief sie nach unten. »Gut, dass du da bist, ich muss dir was sagen, komm bitte mal!«

Ich folgte ihr leicht verwundert nach oben ins Schlafzimmer. »Haben wir was angestellt?«, flüsterte ich Johnny zu, der ebenfalls die Treppe hochflitzte, um meine Mutter zu begrüßen. »Kann mich gar nicht erinnern.«

Erstaunt sah ich meine Mutter an, die einen Koffer packte. »Was zum Teufel ist denn hier los?«

»Oma hat einen Unfall gehabt. Sie ist im Krankenhaus. Paps und ich fahren morgen früh gleich hin.«

Ich erschrak.

»Was Schlimmes?«

»Schlimm genug in ihrem Alter. Zum Glück nicht lebensgefährlich, sie wird wieder gesund. Jemand hat ihr die Vorfahrt genommen und ist ihr ins Auto reingefahren. Sie hat eine Gehirnerschütterung, ein paar Quetschungen und Prellungen und einen gebrochenen Arm.«

»Ach, du Schreck! Und Opa?«

»Der war zum Glück nicht auch noch im Wagen. Oma muss erst mal im Krankenhaus bleiben. Wir werden übers Wochenende versuchen alles zu regeln. Jemand muss sich ja auch um Opa kümmern, er ist ganz verstört.«

Wenn hier jemand verstört war, dann meine Mut-

ter. Es war schließlich ihre Mutter, die im Krankenhaus lag.
»Ich weiß nicht, ob du mitfahren willst – ich halte es fast für besser, wenn du hier bleibst. Ich habe schon mit Frau Blinz gesprochen, sie wird nach dir sehen. Bei Oma und Opa wird sowieso alles drunter und drüber gehen und wir werden viel im Krankenhaus sein. Wenn dann auch noch Johnny überall herumrennt, der ja sowieso nicht mit ins Krankenhaus darf ...«
Ich überlegte. Einerseits hätte ich meine Großeltern gern besucht, vor allem Oma im Krankenhaus. Aber so, wie sich das anhörte, wollte meine Mutter das ganze Wochenende in der Klinik verbringen. Vielleicht waren ich und vor allem Johnny da nur im Weg.
Und dann war ja noch der Umzug.
»Meinst du nicht, Oma ist traurig, wenn ich nicht komme?«
»Ach was. In der kleinen Wohnung, und dann noch der Hund dazu, das leuchtet auch Oma ein. Du kannst sie ja anrufen – wir werden ihr schleunigst ein Telefon ans Bett stellen lassen. Kommst du denn allein zurecht oder hast du Angst?«
»Kein Problem, ich habe ja Johnny. Vielleicht kommt auch Corinna mal vorbei, ich werde sie morgen fragen.«

»Geh doch bitte in die Küche und schau nach dem Essen. Die Spaghetti müssen bald gar sein.«

»Ja, mache ich.« Ich war etwas durcheinander, als ich hinunterging. Meine Oma war im Krankenhaus! Sicher, sie würde wieder gesund werden, aber trotzdem. Es hätte auch anders ausgehen können. Es war das erste Mal, dass ich Angst um meine Großeltern haben musste.

Die Spaghetti waren fertig. Ich goss das Wasser ab und probierte die Soße. Dann setzte ich mich hin und dachte nach.

Meine Eltern würden nicht da sein übers Wochenende. Sie würden mich nicht auf dem Umzug sehen oder fotografieren können.

Ich würde drei Tage allein zu Hause sein. Ach nein, einen Tag nur, ich war ja ab Samstag gar nicht da. Und auch den einen Tag wäre ich nicht ganz allein. Immerhin hatte ich …

Johnny! Was würde ich mit ihm machen?

Wir wollten drei Tage zu Pferde unterwegs sein. Ich konnte ihn unmöglich mitnehmen, er konnte diese Strecke in seinem Alter nicht laufen.

Und im Rucksack?

Den Gedanken konnte ich gleich wieder verwerfen. Ich brauchte den Rucksack für mein Gepäck. Außerdem konnte ich den Hund beim besten Willen nicht drei Tage im Rucksack durch die Gegend

tragen. In diesem Moment kam mir zum ersten Mal der Gedanke, dass ich möglicherweise gar nicht mitreiten konnte.
Mist, es musste doch eine Möglichkeit geben! Wer könnte ihn nehmen?
Corinnas Eltern waren selbst nicht da. Ich konnte nicht von ihnen erwarten, meinen Hund mit in ihren Wochenendurlaub zu nehmen. Corinnas Tante schied ebenfalls aus. Meine Freundinnen waren alle beim Umzug dabei.
Sonst jemand im Stall?
Wer konnte, ritt mit. Und die, die nicht mitritten, kannte ich nicht gut genug. Von denen wollte ich niemanden fragen.
Unsere Nachbarn?
Sie fanden Johnny goldig, solange er nicht in ihren Garten machte. Aber würden sie ihn übers Wochenende nehmen?
Ach, Frau Blinz, Sie mögen doch Johnny so gern, was halten Sie davon, ihn mal ein ganzes Wochenende zu nehmen?
Nein, so vertraut waren wir mit denen eigentlich gar nicht.
Außer der Frage, wer Johnny nehmen würde, machte sich noch eine andere breit, die mir schnell viel wichtiger wurde: Wem würde ich Johnny überhaupt anvertrauen?

Es waren nicht sehr viele, wie ich schnell feststellte. Und alle, die in Frage kamen, waren selbst unterwegs.

Mein Vater kam nach Hause, im gleichen Moment trat meine Mutter in die Küche. Während wir zu Abend aßen, diskutierten meine Eltern über meine Oma und den Unfall und ob Oma überhaupt noch Auto fahren sollte.

»Ich finde, in ihrem Alter ist das nichts mehr«, meinte meine Mutter.

»Ach was!«, sagte ich sofort. »Oma ist doch noch fit! Die fährt besser als manche Zwanzigjährige. Zum Autofahren ist sie noch lange nicht zu alt.«

»Das finde ich auch«, bestätigte mein Vater.

»Aber ihr seht doch, wie das ausgeht. Was muss denn noch alles passieren, ich rede jetzt schon seit Jahren!«

»Es war nicht ihre Schuld«, entgegnete mein Vater. »Das hätte jedem anderen auch passieren können. Sie hat doch keinen Fehler gemacht. Du brauchst dich nicht so aufzuregen.«

»Ich finde es trotzdem zu gefährlich, wenn sie fährt, ich habe keine ruhige Minute!«

»Weißt du, wie du dich anhörst? Wie deine Mutter vor zwanzig Jahren, als du bei mir auf dem Motorrad mitgefahren und sogar selbst gefahren bist. Damals hat sie genau das Gleiche gesagt. Aber man

kann nun mal anderen Menschen nicht alles verbieten, bloß weil ihnen vielleicht etwas passieren könnte. Dann müsste man sie ja einsperren.«
Meine Mutter seufzte nachdenklich und aß mechanisch weiter.
»Was machst du denn jetzt mit Johnny während des Umzugs?«, wandte sich mein Vater an mich.
Ich sah ihn ziemlich trübsinnig an. Die Befürchtung, dass es für mich in diesem Jahr keinen Reiterumzug geben würde, hatte sich verstärkt.
»Ich weiß nicht. Ich kann ihn weder mitnehmen noch irgendjemandem geben. Alle sind selbst unterwegs.«
»Du meinst, du musst vielleicht zu Hause bleiben?«
Zu Hause bleiben. Während alle auf dem Umzug mitritten. Seit Jahren hatte ich davon geträumt, in zwei Tagen hätte der Traum Wahrheit werden sollen und dann das. Gab es denn keine andere Möglichkeit?
Ich merkte, wie die ganze Freude der letzten Tage verflog. Alles war trostlos. Meine Oma im Krankenhaus, meine Eltern nicht da, ich konnte nicht mit auf den Umzug.
»Fahr doch mit jemandem mit, dann kannst du dir den Umzug wenigstens ansehen«, schlug meine Mutter vor.
Ansehen? Zuschauen, wie alle mitritten, nur ich

nicht? Wie jemand auf Westwind meinen Platz eingenommen hatte, in meinem Kostüm?
Und alles wegen Johnny.
Im Moment war ich einfach nur enttäuscht und wütend. »Ach nein, zuschauen will ich dann auch nicht«, murrte ich und stopfte Spaghetti in mich rein, weil ich spürte, dass mir vor Enttäuschung gleich die Tränen kommen würden.

Am nächsten Tag sprach ich mit Corinna, aber natürlich hatte sie auch keine Idee.
»Dann bleibe ich eben zu Hause«, seufzte ich niedergeschlagen.
Ich hatte mich eigentlich schon gestern Abend fast damit abgefunden.
»Und du bist ganz sicher, dass du nicht zuschauen willst?«
»Bloß nicht. Da muss ich mich dann nur noch mehr ärgern.«
Ich blieb nicht sehr lange im Stall. Nach der Stunde versorgte ich Westwind. Es hatte sich schnell jemand gefunden, der ihn für mich reiten würde.
Ich fuhr nach Hause.

Nichts ist nur schlecht ...

Es ist eigenartig, wenn ein Haus so leer ist. Natürlich war ich schon öfter mal allein zu Hause gewesen, aber da wusste ich immer, dass meine Eltern bald kommen würden.
Heute wusste ich, dass niemand mehr kommen würde. Johnny und ich waren allein.
Ich hatte darauf verzichtet, Corinna zu fragen, ob sie bei mir übernachten wollte. Corinna mit ihrer Vorfreude auf den Umzug, die sie kaum verbergen konnte – das war ja nervtötend.
Du, Corinna, willst du nicht bei mir übernachten? Aber das eine sage ich dir: Ein Wort über den Umzug, ein Lächeln auf deinem Gesicht, das ich als Vorfreude deuten könnte, und du fliegst raus!
So saß ich allein in unserem großen Wohnzimmer und starrte auf den Bildschirm ohne aufzupassen, worum es ging, während Johnny mit seiner Quietschgiraffe spielte.
Johnny. Wenn er nicht wäre, könnte ich mitreiten. »Nur wegen dir kann ich nicht mit«, murmelte ich wütend. »Du bist schuld!« Im gleichen Augenblick schämte ich mich vor mir selber. Wie konnte ich so etwas sagen, auch wenn er es nicht verstand!

Ich wollte ihn doch unbedingt haben – Johnny hatte nicht darum gebeten zu mir zu kommen.
Jetzt hatte ich ihn und damit hatte ich auch die Pflicht übernommen, mich um ihn zu kümmern und sein Dasein so angenehm wie möglich zu gestalten. Auch wenn ich mal keine Lust dazu hatte. Gerade wenn ich keine Lust hatte. Denn er war mir nicht nur anvertraut, er war mir auch ausgeliefert. Ich hatte die Verantwortung für ihn.
Zum ersten Mal begriff ich wirklich, was das bedeutete. Ich dachte daran, dass ich schon einige Male keine Lust gehabt hatte mit ihm vor die Tür zu gehen. Wenn er dann in die Wohnung machte, war ich sauer auf ihn gewesen. Dabei war es meine Schuld. Und wenn meine Eltern nicht da waren, hatte ich ihn manchmal viel zu spät gefüttert. Was hatte ich eigentlich immer gemacht? Gelesen oder ferngesehen. Nichts Wichtiges im Grunde.
Mir fielen auch einige Tage ein, an denen ich nicht mit ihm spazieren gegangen war. Das Wetter war so unangenehm gewesen, in den Reitstall war ich auch nicht gefahren. Johnny war gerade mal zum Pinkeln vor die Tür gekommen.
Wie oft hatte ich ihn weggeschoben, wenn er spielen wollte, weil ich gerade mal wieder lesen wollte oder sonstwie keine Lust hatte? Ich spielte eigentlich nicht oft mit ihm und trotzdem kam er immer

wieder zu mir. Dabei war es doch wichtig für junge Hunde zu spielen. Und was sollte er schon den ganzen Tag machen?

Mir fiel auf, dass meine Eltern sich öfter mit ihm beschäftigten als ich. Wesentlich öfter. Dabei hatte ich ihn doch unbedingt haben wollen.

Auf einmal hatte ich sehr klar vor Augen, wie weit ich von der Hundehalterin des Jahres entfernt war. Wenn ich nicht bereit war mich zu ändern, sollte ich Johnny dann nicht besser weggeben?

Wollte ich das? Ich schaute zu ihm. Er spielte nach wie vor mit der Giraffe, die immer wieder quietschende Töne von sich gab. Als er merkte, dass ich ihm zuschaute, nahm er die Giraffe, wackelte mit wedelndem Schwanz auf mich zu und sah mich mit diesem vorwitzigen »Spiel-mit-mir-Blick« an.

Hunde sind komische Wesen. Wenn ich ihn drei Tage angebrüllt und sonst nicht beachtet hätte und am vierten Tag hätte ich freundlich »Komm her« gesagt, dann hätte er sich nicht etwa umgedreht und wäre gegangen – du kannst mich mal, du hast sie wohl nicht mehr alle! –, sondern wäre schwanzwedelnd angerannt gekommen, überglücklich, dass ich mich wieder mit ihm abgab. Weil es seine Natur war.

Ich nahm Johnny auf den Arm und drückte ihn fest an mich. Samt Quietschgiraffe. Ich fühlte mich auf

einmal sehr schuldig, dabei hatte ich ihn im Grunde nicht schlecht behandelt. Ich hatte ihm nur nicht die Aufmerksamkeit zukommen lassen, die ihm zustand. Und deshalb fühlte ich mich einfach schlecht ihm gegenüber.
»Ach, Johnny, es tut mir so Leid. Ich versprech' dir, ich werde mich ändern. Ab sofort.«
Ich drückte ihn noch mal an mich.
Vor Rührung musste ich fast heulen. Ich würde ihn nie mehr hergeben!
»Und wenn ich nicht mit auf den Umzug kann, was macht das schon! Du bist viel wichtiger. Wenn man einen Hund hat, muss man nun mal ab und zu auf etwas verzichten, wenn es nicht anders geht. So ist das eben.« Ich drückte ihn schon wieder. Hoffentlich überlebte er das.
»Und jetzt spielen wir beide.«
Also spielten wir »Jag mir die Quietschgiraffe ab«. Ein hochinteressantes Spiel, wirklich. Dabei ist Action angesagt.
Obwohl ich Johnny schon einige Wochen lang hatte, merkte ich heute zum ersten Mal, dass er keineswegs immer versuchte der Sieger zu sein, sondern öfter mal mich die Giraffe erringen ließ. Absichtlich. Und wenn wir beide an dem Quietscher zogen und ich zog nur leicht, dann zerrte er mich keineswegs durch das ganze Haus, sondern zog

ebenfalls leichter. So, als würde er glauben, ich hätte nicht mehr Kraft und ich armes Wesen sollte auch ein bisschen Spaß am Spiel haben.
Ich war erstaunt, dass ein Hund zu so etwas fähig ist. Denn angeblich kann er nicht denken.
Wie aber machte er das dann? Was ging in ihm vor? Ich war fasziniert.

Am nächsten Vormittag lieferte Johnny noch ein Beispiel dafür, wie »menschlich« er in vielen Dingen war: Ich saß auf der Couch und las – nachdem ich ihn gefüttert hatte und mit ihm vor der Tür gewesen war, versteht sich! – und aß Trauben, die in einer Schale auf dem Wohnzimmertisch standen.
»Magst du auch eine?«, fragte ich Johnny und gab ihm versuchsweise eine Weintraube. Er nahm sie vorsichtig, legte sie auf den Boden und untersuchte sie. Dann leckte er sie ein paar Mal ab und fraß sie schließlich, was eine Weile dauerte. Es war nicht ganz einfach für ihn, die Weintraube so zwischen die Zähne zu bekommen, dass er sie zerbeißen konnte. Aber offensichtlich schmeckte sie ihm. Also gab ich ihm noch eine. Die aß er schon viel schneller. Dann stand er auf, ging zum Tisch, auf dem die Schale mit den Trauben stand, und wollte sich selbst bedienen.
»Nein«, sagte ich streng. Selbstbedienung kam

nicht in Frage. Ich konnte mir die Folgen lebhaft vorstellen: Wo ist der Kuchen, den ich auf den Tisch gestellt habe? – Den hat wohl Johnny gefressen. Du weißt doch, wenn er Appetit hat, nimmt er sich immer etwas.

Johnny sah mich kurz an, blickte dann wieder zu den Weintrauben hinüber, wobei ihm die Versuchung in den Augen stand, und machte noch einmal den Versuch sich eine zu nehmen.

»Nein!«, sagte ich etwas strenger.

Was jetzt folgte, war menschlichem Verhalten sehr ähnlich. Es war genau wie bei mir früher, wenn ich etwas nicht bekam, was ich unbedingt haben wollte. Dann hatte ich aufgestampft, die Hände zu Fäusten geballt, die Unterarme nach unten weggestoßen und trotzig »Ich will's aber haben!« geschrien.

Genauso kam mir Johnny jetzt vor. Er stemmte die Vorderbeine gegen den Boden, schüttelte trotzig den Kopf und gab einen eigenartigen, wütend klingenden Laut von sich.

Ich war total überrascht und musste im gleichen Augenblick lachen, weil es so menschlich und lustig wirkte. »Oh, Johnny, du bist vielleicht einer! Ich glaube, du bist irgendwie kein richtiger Hund. Vielleicht bist du ein Vorfahre von mir, der als Hund wieder auf die Welt gekommen ist.«

Am Nachmittag fuhren wir in den Reitstall. Alles war ziemlich leer, kaum ein Mensch da, kaum ein Pferd im Stall. Die Pferde, die nicht beim Umzug mitliefen, waren auf der Koppel. Ich machte mit Johnny einen Spaziergang zur Koppel, spielte eine Weile mit ihm und fuhr anschließend wieder nach Hause. Ab und zu dachte ich an die anderen, die jetzt irgendwo unterwegs waren, aber ich fühlte nur noch ein leichtes Bedauern.

Nächstes Jahr würde es sicher klappen. Ich würde gleich am Montag bei Fichte reservieren.

Zu Hause tat ich lauter nützliche Dinge wie aufräumen, lernen und ein bisschen im Garten arbeiten. Außerdem übte ich eine ganze Zeit lang mit Johnny, damit er lernte, sich auf Kommando hinzusetzen und hinzulegen.

... aber man erkennt es nicht immer sofort

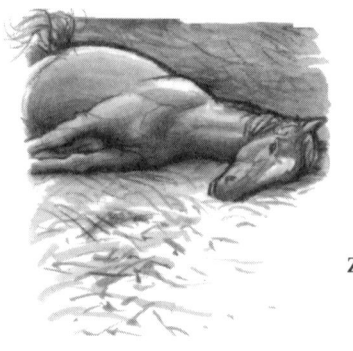

Am Sonntag wollte ich eigentlich zu Hause bleiben, aber als das Wetter wieder so schön war, beschloss ich, mit Johnny in den Stall zu fahren. Ich kam zur Mittagszeit dort an und alles wirkte wie ausgestorben.

Ich befürchtete schon, dass Herr Janssen, der Pfleger, über Mittag abgeschlossen hätte, aber zum Glück war die Stalltür offen.

Nur zwei Pferde standen im Stall, das eine war ein Hengst, das andere ein Privatpferd, das verletzt war. Johnny und ich besuchten die beiden.

»Na, ihr – langweilig, was? Überhaupt nichts los heute und ihr müsst auch noch allein hier rumstehen. Möhre?«, bot ich ihnen an und fütterte sie.

»Komm, Johnny, gehen wir mal zu den anderen auf die Koppel.«

Ich nahm Johnny an die Leine, damit er auf der Koppel nicht zwischen die Pferdebeine laufen konnte, und ging über den Außenreitplatz zur Koppel hinüber.

Auch hier: wenig los. Alle dösten vor sich hin, wedelten mit den Schweifen, zwei lagen sogar und schliefen und Desert Star wälzte sich ausgiebig.

»Hallo, Pferde, wie geht's? Die anderen reiten jetzt beim Umzug mit, wie findet ihr das?«

Was man eben so alles vor sich hin faselt, wenn man sich allein unter Tieren glaubt. Ich sah mich vorsichtshalber um, aber es war wirklich niemand da. Vielleicht wurde ich mit der versteckten Kamera gefilmt? Das würde peinlich werden: Das Mädchen, das mit den Tieren spricht. Was Sie schon immer über Sabrina Walder wissen wollten.

Star hatte sich fertig gewälzt und stand auf. Sie drehte den Kopf und schien eine Fliege von ihrem Bauch zu verjagen.

Anschließend wälzte sie sich noch mal auf der anderen Seite.

Ich sah nur nebenbei hin und überlegte, ob ich mich hier zu den Pferden ins Gras setzen sollte. Doch als sich Star im nächsten Moment schon wieder am Boden wälzte, wurde ich aufmerksam. Das kennt jeder Reiter.

»Komm, Johnny, wir wollen mal Star anschauen.«

Ich zog meinen störrischen Hund hinter mir her, der gerade eine neue Insektenart entdeckt hatte und sie unbedingt erforschen wollte.

Star stand auf, als ich kam.

»Na, Star, was ist mit dir?«

Sie schnupperte an mir. Ich bildete mir ein, in ihren Augen einen gequälten Ausdruck zu erkennen.

»Sag mal, hast du vielleicht eine Kolik? Das wäre aber ausgesprochen ungünstig, weil Fichte nämlich nicht da ist. Es ist eigentlich überhaupt niemand da, nicht einmal Herr Janssen.«

Ich streichelte ihren Hals und bemerkte erst jetzt, dass sie schwitzte.

Ich befühlte den kleinen Wallach, der näher gekommen war, um mich nach Leckereien abzusuchen. Er schwitzte nicht.

Star scharrte und sah sich wieder um. Es war wohl keine Fliege gewesen vorhin.

Ich trat ein paar Schritte zurück und bemerkte, dass sie komisch dastand, so als wollte sie pinkeln, aber es klappte nicht.

Wieder scharrte sie mit dem Vorderbein. Mir wurde mulmig zumute.

Ich hatte noch kein Pferd mit einer Kolik gesehen, aber darüber gelesen und erst in der letzten Theoriestunde hatten wir über Pferdekrankheiten und auch über Koliken gesprochen. Star zeigte alle Anzeichen.

»Star, das sieht mir aber sehr nach einer Kolik aus. Was machen wir jetzt bloß?«

Star legte sich wieder hin und wälzte sich. Es war wohl eindeutig.

»Mist! Ich muss was tun. Komm, Johnny!«

Ich rannte in den Stall zurück.

Johnny begriff den Ernst der Lage nicht. Er hielt das Ganze für ein Spiel. Wenigstens spielte er »Wer kann schneller laufen?« und nicht »Wetten, dass du über mich stolperst?«.

Ich hoffte, dass mittlerweile jemand eingetroffen wäre, aber Fehlanzeige.

»Herr Janssen!«, brüllte ich durch den Stall, doch ich bekam keine Antwort. Ich rannte vor die Stalltür. Kein Auto da.

»Verflixt! Jetzt rufe ich den Tierarzt!«
Ich war nicht gerade begeistert darüber. Vielleicht bildete ich mir doch alles ein? Wer bezahlte dann den Tierarzt?
Hier, Sabrina, die Rechnung: Hundert Mark für einmal umsonst hin- und herfahren, Sonntagszuschlag, Ärgerzuschlag – macht zweihundert Mark insgesamt.
Egal. Es war mehr als unwahrscheinlich, dass Star nur einen Wälzanfall hatte, weil das Gras so verlockend aussah. Und soweit ich mich erinnern konnte, sollte man auch bei leichterer Kolik den Tierarzt holen.
Ich stürmte in die Sattelkammer, wobei ich fast über Johnny gefallen wäre, der mit diesem plötzlichen Abbiegen nicht gerechnet hatte und geradeaus weiterlaufen wollte.
Beim Griff zum Telefonhörer traf mich fast der Schlag. Das Telefon war abgesperrt, wie immer. Klar, sonst konnte von hier aus jeder seine Telefonate mit Tante Tilde in Amerika oder sonstwo führen. Außer den Notruf konnte ich nichts wählen. Und das nächste Telefon im Ort war einige Kilometer entfernt.
Ich musste schnell handeln.
»Verdammt, verdammt!«, fluchte ich. »Was soll ich bloß machen? Wieso kommt eigentlich nie-

mand? Alle Pferde könnte man seelenruhig klauen und keiner würde es merken. Unmöglich!«
Ich sah Johnny an. Johnny sah mich an. »Ich rufe den Notruf an. Sollen die doch den Tierarzt benachrichtigen.« Entschlossen griff ich zum Telefon und wählte die Nummer.
»Notrufzentrale.«
»Hallo? Mein Name ist Walder, ich weiß, ich bin verkehrt bei Ihnen, aber es ist ein Notfall. Ich bin hier im Reitstall und außer mir ist niemand da und ein Pferd hat eine Kolik und braucht unbedingt einen Tierarzt, und das Telefon ist abgesperrt, so dass ich nur die Notrufnummer wählen kann. Können Sie bitte den Tierarzt anrufen?«
»Ja – äh – wie – was für ein Reitstall?«
»Na, der Reitverein Kirchbach eben. Wir haben doch nur einen im Ort.«
Meine Güte, der Typ begriff ja überhaupt nichts. Welcher Reitstall! Der Marstall ihrer Königlichen Hoheit in England!
»Ach so, ja, und wen soll ich anrufen?«
»Den Tierarzt. Doktor Schwammberger. 5278. Haben Sie das?«
»Doktor Schwammberger, 5278, ja.«
»Und sagen Sie ihm, es ist sehr dringend, ich warte hier auf ihn. Moment, ich gebe Ihnen die Nummer vom Stall, falls etwas ist: 3988.«

»3988. Ich rufe Sie gleich zurück, wenn ich den Tierarzt erreicht habe. In Ordnung?«
»Ja, danke, ich warte hier am Telefon.«
Ich legte auf und merkte, dass ich fix und fertig war. »Mannomann, Johnny, hoffentlich kommt jetzt bald jemand!«
Johnny beobachtete mich interessiert.
Ist ja lustig, wie die sich heute aufführt! Was hat sie nur? Rennt wie eine Irre durch die Gegend, brüllt rum, obwohl doch niemand da ist – ich habe nichts angestellt, nein –, und schreit in dieses komische Ding hinein.
Wir brauchen eine Decke, fiel es mir ein. Ich schnappte mir die nächstbeste.
Und einen Führstrick. Ich nahm den von der nächsten Box.
»Hoffentlich ruft er gleich wieder an!«
Und wenn ich nun zur Koppel zurückging und Star stand putzmunter da? Oder sie lag am Boden und lachte sich kaputt? Mensch, dich habe ich vielleicht veräppelt, echt lustig!
Das Telefon klingelte. Das erste Läuten war noch nicht zu Ende, da hatte ich schon den Hörer in der Hand.
»Ja?«
»Notrufzentrale. Haben wir gerade telefoniert?«
»Ja.«

»Also, ich habe den Tierarzt erreicht, er ist schon unterwegs. Zehn Minuten, hat er gesagt.«
»Oh, vielen Dank! Sie glauben gar nicht, wie froh ich bin!«
Ich warf den Hörer auf die Gabel, griff nach Decke und Führstrick und rannte zurück zur Koppel.
Unterwegs fiel mir ein, dass Johnny besser im Stall aufgehoben wäre, um nicht im Weg zu sein. Aber jetzt wollte ich nicht mehr zurück.
Star wälzte sich schon wieder. Es musste ernst um sie stehen!
Ich band Johnny am Koppelzaun fest und kletterte zwischen den Stangen hindurch, nachdem ich den Strom abgeschaltet hatte. Innerhalb der Umzäunung ging ich langsam, um die Pferde nicht zu erschrecken.
Star hatte sich gerade wieder hochgerappelt.
»He, Star, armes Mädchen, komm her zu mir!«
Star ließ sich brav am Halfter nehmen. Ich befestigte den Führstrick und legte ihr die Decke über. Erst wollte ich sie nur auf der Koppel führen, aber dann überlegte ich, dass Dr. Schwammberger möglicherweise wieder wegfahren würde, wenn er niemanden sah. Außerdem würde er sie wohl lieber im Stall behandeln.
Also führte ich sie zum Tor, wo ich allerdings leichte Probleme bekam, weil die anderen Pferde

meinten, es ginge jetzt in den Stall zurück und es könnte etwas zu fressen geben.

Ich öffnete das Tor nur einen schmalen Spalt und musste dann Star sofort wenden, um wieder zuzumachen, bevor die anderen sich vorbeidrängen konnten.

Ich band Johnny los und dachte sogar daran, den Strom wieder einzuschalten. Aufgeregt ging ich mit Star zum Stall zurück und führte sie dort auf dem Außenreitplatz.

Johnny ließ ich frei laufen, weil er hier nicht viel anstellen konnte.

Wie viel Zeit war inzwischen vergangen? Es kam mir ewig vor.

»Hoffentlich kommt er bald«, sagte ich schätzungsweise neununddreißigmal.

Als ich glaubte ein Auto vorfahren zu hören, ging ich mit Star in den Stall. Und tatsächlich, auf der Stallgasse kam mir schon Dr. Schwammberger entgegen. Endlich!

»Bin ich froh, dass Sie da sind!«, rief ich ihm erleichtert entgegen. Star zuckte zusammen.

»Das kann ich mir vorstellen. Ist denn sonst niemand da?«

»Nein, die sind alle beim Umzug und Herr Janssen ist auch nicht da. Keine Ahnung, wo er abgeblieben ist.«

»Das ist doch das neue Pferd vom Reitlehrer, oder?«

»Ja. Vielleicht hat sie Kolik. Ich bin mir nicht ganz sicher, aber ich glaube, dass irgendwas nicht stimmt mit ihr.«

»Halte sie mal. Ich untersuche sie.«

Star hielt nicht viel vom Ruhigstehen. Sie scharrte ständig und machte mehrmals Anstalten, sich mitten auf der Stallgasse hinzulegen.

Dr. Schwammberger hatte Probleme bei der Untersuchung.

»Keine Frage – Kolik. Und keine leichte«, meinte er schließlich. »Gut, dass du gleich angerufen hast. Ich denke, wir kriegen sie wieder hin. Aber länger hätten wir nicht mehr warten dürfen.«

Ich denke, wir kriegen sie wieder hin. Länger hätten wir nicht mehr warten dürfen. Lieber Himmel, war es so schlimm?

Mir wurde nachträglich noch mulmiger zumute, als mir sowieso schon war.

»Können Pferde denn wirklich an Kolik sterben?«, fragte ich unsicher.

»Das kommt leider immer wieder vor. Mit einer Kolik ist nicht zu spaßen. – Du musst die Stute jetzt gut halten, ich gebe ihr eine Spritze.«

Star war dagegen und sträubte sich. Ich nahm sie schließlich ganz kurz und hielt ihr das Auge zu, sodass sie den Tierarzt nicht sehen konnte, und mit Mühe und Not brachte er die Kanüle in den Hals. Also, das war ein scheußlicher Anblick. Ich verwarf sofort alle Ideen, die meine berufliche Zukunft als Tierärztin betrafen.

Aber Frau Dr. Walder, Sie können doch nicht die Augen zumachen, wenn Sie meinem Pferd eine Spritze geben!

Kann ich doch, oder soll ich da vielleicht hingucken? Es sieht abscheulich aus, wenn ich das Ding in den Hals Ihres Pferdes bohre!

Wir deckten Star wieder richtig ein.

»Habt ihr hier einen Maulkorb?«

»Einen Maulkorb?«

Was wollte er denn damit? Sah Johnny vielleicht gefährlich aus?

»Star darf jetzt auf keinen Fall fressen und da ist ein Maulkorb nun mal die sicherste Methode. Es sei denn, du willst das ganze Stroh aus ihrer Box herausholen.«

»Äh – nicht unbedingt. Ich weiß aber nicht, ob wir so ein Ding hier haben.«

»Dann leihe ich euch einen. Ich hole ihn schnell.«

Dr. Schwammberger brachte seine Tasche zum Wagen und kam mit dem Maulkorb zurück.

»Es reicht, wenn du ihn ihr anziehst, bevor du sie in die Box bringst. Jetzt führ sie erst noch ein bisschen. Ich bleibe eine Weile da, um sie zu beobachten.«

Also führte ich Star auf dem Außenreitplatz herum. Dr. Schwammberger setzte sich auf eine der Zuschauerbänke.

»Ist das eigentlich dein Hund?«

»Ja, das ist Johnny.«

»Der ist ja niedlich. Wird sicher ziemlich groß. Da hat wohl ein Neufundländer mitgemischt?«

Mein Respekt vor Dr. Schwammberger stieg ins Unermessliche. Dass er das erkannte! Unglaublich!

»Ja, die Hälfte ist ein Neufundländer, die andere Hälfte eine Mischung aus Sennenhund und Schäferhund.«

»Hast du ihn schon mal schwimmen lassen?«

»Nein, noch nicht.«

Konnte es sein, dass ich dieses Jahr noch nicht einmal beim Schwimmen gewesen war? Nein, unmöglich. Ich war doch erst ... Ach nein, das war letztes Jahr gewesen. Die Vorbereitungen für das Abzeichen, der Umzug und vor allem Johnny – geregnet hatte es auch ab und zu ... Es hatte sich einfach keine Gelegenheit ergeben.

»Aber ich werde es heute noch nachholen.«

»Das solltest du unbedingt tun, Neufundländer schwimmen wahnsinnig gern.«

Herr Janssen kam plötzlich über die Stallgasse ge-

fegt. »Doktor Schwammberger?«, keuchte er. Sein faltiges Gesicht war leicht gerötet, seine verbliebenen grauen Haare vom Winde verweht. »Meine Güte, was ist denn passiert? Ich habe Ihr Auto draußen stehen sehen.« Sein Blick fiel auf Star. »Um Gottes willen, was hat sie denn?«
»Kolik. Aber regen Sie sich nicht auf, dafür ist es schon zu spät. Es geht ihr bereits wieder etwas besser. Sabrina hat es zum Glück rechtzeitig bemerkt und mich sofort verständigt.«
Wie das klang! Sabrina hat es zum Glück rechtzeitig bemerkt und mich sofort verständigt. So fachmännisch. Und so lässig. Als wäre ich mal eben cool zum Telefon gelatscht und hätte angerufen.
He, Doc, ich schätze mal, wir haben hier 'ne Kolik. Wär' nett, wenn Sie sich beeilen könnten, sieht nämlich nicht gut aus.
Stattdessen war ich ein rasendes Nervenbündel gewesen. Und jetzt stand ich da, bekam einen roten Kopf, grinste blöd und wusste nicht, wo ich hinschauen sollte. Ich war wohl nicht gerade die geborene Heldin.
Dr. Schwammberger und Herr Janssen beratschlagten noch, ob sie Fichte verständigen sollten, kamen aber zu dem Schluss, dass es wenig Sinn hatte. Im Moment war er mitten im Umzug und bis der vorbei war, würde es Star wieder besser gehen.

Es würde reichen, wenn er morgen bei seiner Rückkehr davon erfuhr.

Etwas später radelte ich mit Johnny nach Hause, zog mich schnell um und packte ein Handtuch, Sonnencreme, den großen Regenschirm als Sonnenschutz für Johnny und das Werkzeug ein, mit dem ich immer seine Häufchen beseitige – von mir treffend, aber wenig vornehm »Scheißomat« genannt. Schließlich kann ich seine Häufchen nicht überall herumliegen lassen.
Der Baggersee war nicht weit und der Weg führte über Feldwege, sodass ich Johnny frei laufen ließ und langsam mit dem Rad nebenherfuhr.
Am See, der nicht allzu belagert war, suchte ich mir eine ruhige Ecke und zog meine Kleider aus, während Johnny ganz erstaunt die große Wasserfläche anstarrte.
So eine große Pfütze? – Also, ich finde das unheimlich!
Ich grinste vor mich hin, als ich ihn so ansah, und watete dann gespannt ein paar Meter ins seichte Wasser hinein.
»Komm, Johnnylein, komm!«, lockte ich.
Johnny blickte zu mir.
Da soll ich rein? Na, ich weiß nicht. Ob das eine gute Idee ist?

Endlich kam er ans Ufer und setzte vorsichtig die Vorderbeine ins Wasser.
Er schnüffelte und schlabberte, dann sah er mich wieder etwas ratlos an.
Na gut, es ist Wasser. Man kann es trinken. Aber was soll ich hier?
»Komm her zu mir, komm!«
Johnnys Blick war leicht zweifelnd.
Ich will ja, aber wie?
Dann ging er ein paar Schritte. Und noch ein paar. Sein Rücken verschwand im Wasser, nur der Kopf ragte heraus.
Und dann schwamm er endlich!
»So ist's fein, Johnny, komm her zu mir!«
Johnny erreichte mich. Ich nahm ihn auf den Arm und er freute sich furchtbar mich lebend erreicht zu haben.
Dann ließ ich ihn wieder vorsichtig ins Wasser. Er schwamm zurück ans Ufer und raste plötzlich wie ein Irrer durch die Gegend.
Habt ihr mich gesehen, Leute, habt ihr mich gesehen? Was war ich mutig und tapfer, ich bin ja so stolz auf mich!
Wieder sprang er ins Wasser und schwamm zu mir. Ich lachte und freute mich, dass er sich freute.
Komisch, dass ich Johnny bis vor wenigen Tagen so oft als Last empfunden hatte. Natürlich machte

er Arbeit, aber ich hatte auch unheimlich viel Freude an ihm, das machte alles mehr als wett.

Mein Hund war immer da, auch wenn sonst niemand da war, mit ihm fühlte ich mich nicht allein.

Es hatte mir überhaupt nichts ausgemacht, das Wochenende allein zu verbringen – Johnny war ja bei mir gewesen.

Immer wieder brachte er mich zum Staunen, weil er so vieles zu verstehen schien. Und immer wieder brachte er mich zum Lachen. Ich verstand mittlerweile, was Corinna gemeint hatte.

Abends kamen meine Eltern zurück.

Oma ging es ganz gut, aber das wusste ich ja schon. Ich hatte mit ihr telefoniert.

Meine Eltern hatten also nicht viel Neues zu berichten – ich dafür umso mehr.

Ich quasselte den ganzen Abend wie ein Sprachcomputer mit Kurzschluss. Erst erzählte ich, was Johnny alles gemacht hatte, jede Kleinigkeit, und das mit einer Begeisterung, die meinen Eltern nicht verborgen blieb. Sie warfen sich vielsagende Blicke zu, so von wegen: Jetzt hat sie wohl die Kurve gekriegt mit dem Hund. Ich zog es vor, die Blicke nicht zu bemerken. Ich wollte nicht unbedingt darauf angesprochen werden, weil ich mich, ehrlich gesagt, ein bisschen schämte.

Das Aufregendste hob ich mir natürlich bis zum Schluss auf: Stars Kolik. Davon erzählte ich dann aber in aller Ausführlichkeit. Jedes kleinste Detail. Meine Eltern sollten ruhig wissen, wie heldenhaft ich gehandelt hatte!

Und ich will ja nicht angeben, aber – es war nicht zu übersehen, dass sie stolz auf mich waren.

Ich meine, wie oft kommt es vor, dass die eigene Tochter einem Pferd das Leben rettet? Und wie ich alle Schwierigkeiten gemeistert hatte, das war doch ganz beachtlich gewesen! Ich war ebenfalls sehr stolz auf mich.

Und wem hatten wir es zu verdanken, dass Star von mir gerettet werden konnte?

Genau: Johnny!

Also, manchmal glaube ich doch, dass vieles seinen Sinn hat, auch wenn wir ihn nicht immer gleich erkennen können.

Wer hätte schon vor ein paar Wochen, als ich Johnny bekam, ahnen können, dass ich wegen eben diesem Johnny nicht auf den herbeigesehnten Umzug mitkonnte? Und dass es dann genau dieser Tatsache zu verdanken war, dass ich Star das Leben rettete? Umwerfend.

Ich würde morgen in die Buchhandlung gehen und mir irgend so einen Wälzer kaufen: Übersinnliches für Hundebesitzer. Mit vielen Beispielen. Vielleicht würde ich meine Geschichte dem Verlag schicken, dann konnten sie sie im Folgeband veröffentlichen.

Am nächsten Tag fuhr ich leicht nervös mit Johnny in den Reitstall.
Ich hatte ihn jetzt in einem zurechtgeschnittenen Karton auf dem Gepäckträger, ließ ihn aber zeitweilig auch schon kurze Strecken neben dem Fahrrad herlaufen, wobei ich allerdings noch sehr vorsichtig und langsam fahren musste.
Es war später Nachmittag, die Reiter, die am Umzug teilgenommen hatten, waren bereits am Mittag eingetrudelt und schon wieder verschwunden. Jetzt war nicht mehr viel los. Tini war da und machte gerade Quinta fertig. Ein paar andere Mädchen waren im Stall und in der Sattelkammer beschäftigt. Martin, einer unserer wenigen männlichen Reiter, putzte ein Schulpferd, und Micky kam uns freudig entgegen, allerdings konnte ich Corinna nicht entdecken.
Ich wollte es ja nicht denken, wirklich, aber ich konnte es nicht verhindern: Ob sie es alle wussten? War ich jetzt berühmt?
Hier ist sie, Ladies and Gentlemen – wir freuen uns, sie Ihnen vorstellen zu können: Sabrina Walder! Natürlich in Begleitung von Johnny!

Auf jeden Fall würde ich erst mal nach Star sehen. Ich ging zu ihrer Box und öffnete die Tür.
»Na, Star, wie geht's dir?«
Star kam zutraulich näher. Sie schien sich wieder wohl zu fühlen. Ich freute mich.
»Ich glaube, ich muss mich ganz herzlich bei dir bedanken.«
Fichte! Hatte sich klammheimlich angeschlichen. Jetzt drückte er mir die Hand. Es war beinahe ergreifend. Ich wusste nicht, was ich sagen und wo ich hinsehen sollte.
»Wenn du die Kolik nicht erkannt und gleich richtig reagiert hättest, dann hätte es verdammt schlecht ausgesehen für Star.«
»Ach«, wehrte ich verlegen ab. Wo war bloß mein heldenhaftes Verhalten geblieben?
»War doch selbstverständlich«, murmelte ich und hatte schon wieder dieses dämliche Grinsen im Gesicht, das ich immer bekomme, wenn ich verlegen bin und nicht weiß, was ich tun soll.
»Wenn du meinst.« Fichte grinste ebenfalls. Er kannte mich ja nun schon eine Weile und wusste, dass es mich verlegen macht, wenn ich gelobt werde. »Komm mal mit in die Sattelkammer.«
Was, eine Ansprache? Bloß nicht!
Ich hatte Glück: keine Ansprache. Und die Mädchen, die vorhin in der Sattelkammer gewesen

waren, hatten inzwischen wohl eine andere Arbeit gefunden. Ich atmete auf.
Fichte holte aus seinem Schrank ein Geschenkpäckchen und eine Riesenpralinenschachtel.
Meine Lieblingspralinen!
»Als kleines Dankeschön.« Damit überreichte er mir beides.
»Danke«, murmelte ich und sah kurz unschlüssig zwischen Fichte und dem Geschenk hin und her. Sollte ich es gleich aufmachen? Offenbar schon.
Es war ein Buch, ein wunderschöner Bildband über Pferde.
Ich hatte ihn erst vor kurzem mit Corinna im Buchladen entdeckt und war sofort begeistert gewesen, zumindest bis mein Blick auf den Preis gefallen war. Das Buch kostete mehr, als Johnny gekostet hatte. Ein Buch – teurer als ein Lebewesen. Merkwürdig!
»Ist das Zufall oder hat Ihnen Corinna einen Tipp gegeben?«
Fichte zog die Schultern hoch und sah mich unschuldig an. »Das Schicksal hat meine Hände geführt.«
Ich lachte. »Sicher! Aber vielen Dank, es ist genau richtig.«
»Ich habe wohl eher zu danken«, sagte Fichte mit einem Anflug von Ernst.

Corinna kam herein. »Hei, da bist du ja! Heute Vormittag auf dem Heimritt dachte ich noch: Die arme Sabrina, wie wird sie deprimiert sein, weil sie nicht mitkonnte. Und dann das! Also, gelangweilt hast du dich wohl nicht.«

»Nein, bestimmt nicht«, versicherte ich. »Im Gegenteil. Und ich habe eine Menge gelernt, nicht nur über Kolik.«

Das verstanden Fichte und Corinna zwar nicht so ganz, aber was soll's! So ein bisschen was Geheimnisvolles macht ja angeblich interessant.

Nichts klappt!

Am nächsten Tag ging es mit den Vorbereitungen für das Abzeichen weiter. Fichte hatte jetzt einen Termin für Ende August. Es war ein Samstag und der war in vier Wochen. Vier Wochen nur noch! Ich wollte doch so viel lernen, ich war noch viel zu schlecht! Ich paukte zwar jeden Tag Theorie und auch mit dem Springen klappte es inzwischen ganz gut, Dressur sowieso, aber reichte es wirklich schon?

Corinna stöhnte genauso. Und Tini, die nicht mitritt, merkte man jetzt doch langsam an, dass sie es bereute. Sicher, sie konnte die Prüfung beim nächsten Mal machen, aber ohne uns, denn wir hatten das Abzeichen dann alle schon. Oder?

Vielleicht würde die eine oder andere die Prüfung wiederholen müssen. Vielleicht sogar ich? Lebensretterin schafft Prüfung zum Kleinen Reiterabzeichen nicht. Hach, wie peinlich!

»Regt euch doch nicht so auf«, meinte Tini.

»Nicht aufregen? Du bist gut! Es gibt noch so viel zu lernen.«

»Na und? Es gibt immer noch was zu lernen – man lernt nämlich nie aus, falls ihr das schon vergessen habt. Aber ihr wollt doch nur die Prüfung zum Kleinen Reiterabzeichen machen, nicht die zum Silbernen. Und das, was ihr dazu braucht, könnt ihr längst.«

Corinna und ich sahen uns an. Was Tini da sagte, war nicht verkehrt.

Klar, wir hatten unsere schlechten Tage, an denen es nicht lief, aber die würden wir auch haben, wenn wir besser reiten könnten. An normalen und vor allem an guten Tagen erfüllten wir die Anforderungen zum Kleinen Abzeichen locker.

»Ich glaube, du hast Recht«, meinte ich.

»Ja, stimmt schon«, fügte Corinna hinzu. »Aber aufgeregt bin ich trotzdem.«

Drei Tage vor dem Abzeichen waren wir noch aufgeregter. Es war unsere letzte Springstunde vor der Prüfung. Die andere Gruppe würde morgen noch mal springen.

Westwind ging nicht schlecht heute. Es war nicht unser bester Tag, aber es lief ganz anständig. Wenn ich so auch in der Prüfung ritt, brauchte ich mir keine Sorgen zu machen.

Bei den anderen klappte es ebenfalls ganz gut, sogar bei Hamlet, Granada und Piggy. Wir waren optimistisch.

In der anschließenden Theoriestunde stellte Fichte uns die berühmten typischen Prüfungsfragen. Im Großen und Ganzen konnten wir sie beantworten, die einen besser, die anderen leidlich. Ich ganz passabel, wie ich bescheiden anmerken möchte.

Danach hatte die andere Gruppe Dressurstunde. Die verlief heute zwar weniger gut, aber das hatte nicht viel zu bedeuten. Am Samstag konnte das schon wieder anders aussehen.

Am nächsten Tag in der Dressurstunde ging Westwind erstklassig – für meine Verhältnisse jedenfalls. Ich war hoch zufrieden, als ich abstieg. Die Pferde hatten eine Stunde Pause, wir lernten Theorie. Dann kam noch die Springstunde für die andere Gruppe. Auch hier zeigte sich Westwind von seiner besten Seite.

Wir übten schon längst am Prüfungsparcours. War ich froh, dass wir übermorgen nicht einen völlig fremden Parcours springen mussten!

Habe ich schon erwähnt, dass es mir immer leichte Schwierigkeiten machte mir einen Parcours einzuprägen? Unseren hatte ich erst beim vierten Versuch in der richtigen Reihenfolge geschafft. Alle hatten applaudiert.

Jetzt übersprang Westwind gerade ein einfaches Hindernis mit zwei Stangen und galoppierte etwas gemächlich an der kurzen Seite entlang. Und da passierte es: Westwind stolperte. Nicht schlimm, er stürzte nicht, auch Lisa blieb oben. Im ersten Moment bemerkten wir nichts. Aber vor dem nächsten Sprung blieb er stehen, und als Lisa noch mal anreiten musste und dabei erst trabte, fiel es jedem auf: Westwind lahmte.

»Das darf doch nicht wahr sein!«, stöhnte ich und wusste im Augenblick nicht einmal, ob es mehr wegen Westwinds Verletzung war oder weil es plötzlich danach aussah, als könnte er bei der Prüfung nicht mitgehen. Es war wohl beides.

Lisa parierte sofort durch.

In ihrem Gesicht war Ratlosigkeit zu lesen: Was soll ich jetzt tun?

Fichte ließ Westwind ein kurzes Stück vortraben, wobei Lisa aussitzen und die Zügel etwas länger lassen sollte. Westwind lahmte links vorne und nickte bei jedem Tritt leicht mit dem Kopf. Im Schritt war die Lahmheit nicht zu erkennen.

Fichte befühlte das Bein, konnte aber nichts feststellen.

Ich saß derweil auf meinem Zuschauerplatz wie in Zement erstarrt.

»Bring ihn erst mal in den Stall«, wies Fichte Lisa an. Ich stand sofort auf und ging ebenfalls in den Stall.

»Mensch, Sabrina! Was sollen wir denn machen, wenn er übermorgen nicht gehen kann?«, fragte mich Lisa. »Hast du keine Idee?«

Idee? Was für eine Idee sollte ich denn haben? Momentchen, ich werde mal eben meine Hand auflegen und schon springt er wieder.

»Vielleicht ist es morgen wieder weg?«, meinte ich, obwohl diese Bemerkung eigentlich genauso intelligent war. Vielleicht ist es morgen wieder weg. Vielleicht können wir es wegbürsten oder abwaschen. Oder wegpusten.

Fichte kam wenig später und untersuchte Westwinds Bein noch mal. Es fühlte sich jetzt etwas wärmer an als das andere und war ganz leicht angeschwollen.

»Ich schätze, dass er sich nur vertreten hat, aber zur Sicherheit werde ich Doktor Schwammberger anrufen«, meinte er und verschwand in der Sattelkammer.

Lisa und ich sahen uns an.

Solange es keiner offiziell gesagt hatte, wollten wir es einfach nicht glauben, obwohl es immer offensichtlicher wurde: Westwind würde in der Prüfung nicht gehen können.

Nicht, dass ich mir keine Sorgen um ihn gemacht hätte, klar tat ich das. Aber dass das Bein nicht gebrochen war, war für mich offensichtlich. Also konnte es nur eine Art Verstauchung oder so was sein – nichts, was nicht wieder heilen würde.

Trotzdem war ich erleichtert, als Dr. Schwammberger eine Stunde später feststellte, dass Westwind sich nur vertreten hatte. Er bandagierte das Bein und ließ eine Salbe da.

»In ein paar Tagen ist er wieder fit«, meinte er gut gelaunt.

Sehr schön. Leider zu spät für die Prüfung.

»Und?«, fragte ich, als Dr. Schwammberger wieder gefahren war. »Was jetzt?«

Fichte dachte nach. »Tja.«

Was tja? War das alles? Tja?

»Lisa, du wirst für die Dressur auf Hamlet umsteigen. Zum Springen nimmst du – na, da bleibt wohl nur Lemon. Auf den anderen müsstest du erst noch eine Weile üben.«

Na, großartig! Lemon war im Springen vergeben! Das einzige Pferd, bei dem ich noch einen Hoffnungsschimmer für mich gesehen hatte.

Ich konnte mich jetzt womöglich mit Piggy rumärgern. Dem würde es auch nicht zu viel werden, den Parcours unter fünf Reitern zu gehen, weil er sowieso so kräftesparend wie nur möglich lief. Dann lieber noch Sahara! Die würde bei ihrem Tempo gar nicht merken, ob sie zwei- oder dreimal im Einsatz war.

»Und du«, wandte sich Fichte an mich, während ich ihn gottergeben ansah und auf mein Todesurteil »Piggy« wartete, »du wirst es mit Star versuchen.«
Wie bitte?

»Wie – was?«

»Mit Star.«

»Ich – ich soll Star reiten? Aber – ich habe sie doch noch nie geritten!«

»Sie geht wunderbar. Du wirst es morgen probieren. Ich möchte euch beide um zwei Uhr hier sehen, wir werden springen. Diese Stunde geht auf Kosten des Hauses. Anschließend machen wir Dressur, wie gehabt.«

Ich sollte Star reiten?

Klar, ich hatte sie schon öfter unter dem Sattel gesehen, sie ging wirklich wunderbar. Bei Fichte. Aber bei mir?

Außerdem hatte ich immer noch den Anblick vor Augen, wie sie im Gelände davongeschossen war und Fichte abgesetzt hatte.

Dieses Pferd sollte ich reiten?

Dann dachte ich daran, wie Star gewesen war, als sie Kolik gehabt hatte. Seither hatte ich ein besonderes Verhältnis zu ihr. Ich begrüßte sie jeden Tag und hatte immer eine Möhre für sie dabei. Sie kannte mich und war lieb und vertrauensvoll. Dieses Pferd sollte ich reiten.

Mit ausgesprochen gemischten Gefühlen fuhr ich nach Hause, Johnny im Karton auf dem Gepäckträger, weil es schon so spät war.

Vor einer halben Stunde hätte ich zum Abendessen zu Hause sein sollen.

Ich war schon nervös genug wegen der Prüfung, vor allem oder hauptsächlich wegen der Springprüfung. Ständig hatte ich Angst, den Parcours zu vergessen oder alle Hindernisse zu reißen. Da würde mir auch die beste Stilnote nicht helfen.

Aber jetzt? Auf einem fremden Pferd, das ich morgen zum ersten Mal reiten würde? Einem jungen, ziemlich unerfahrenen Pferd, das überhaupt erst zweimal bei einem Turnier an einer Dressurprüfung teilgenommen hatte?

»Oh, Johnny«, stöhnte ich, »das kann ja was werden. Irgendwie habe ich den Eindruck, dass ich

momentan nicht gerade vom Glück verfolgt bin, was das Reiten betrifft. Obwohl es sicher eine Ehre ist, dass ich Star reiten darf.
Ob Fichte sie mir auch gegeben hätte, wenn das mit der Kolik nicht gewesen wäre? Glaube ich nicht. Wahrscheinlich habe ich mal wieder alles nur dir zu verdanken.«
Meine Eltern aßen bereits.
Ich ließ mich mit Reithose und ungewaschenen Händen auf meinem Stuhl nieder und bevor einer meckern konnte, sprudelte ich schon los: »Stellt euch vor, Westwind ist in der Springstunde gestolpert und hat sich vertreten. Der Tierarzt war vorhin da. In ein paar Tagen ist er wieder fit, aber beim Abzeichen kann er nicht mitgehen.«
Das war taktisch außerordentlich klug. Damit hatte ich bereits erklärt, warum ich zu spät gekommen war, noch bevor mir jemand einen Vorwurf machen konnte.
»Und was wirst du jetzt tun?«, fragte meine Mutter prompt.
»Na ja.«
Ich warf einen Blick in die Runde, der irgendwo zwischen Nervosität, Unsicherheit und einer leichten Portion Stolz lag.
»Fichte sagt, ich soll Desert Star reiten.«
»Desert Star?«, fragte mein Vater. »Ist das nicht

das Pferd mit der Kolik, das ohne dich vielleicht schon im Pferdehimmel wäre?«
»Genau.«
»Aber das ist doch prima, dass er sie dir anvertraut«, warf meine Mutter ein. »Bestimmt geht sie besser als die Schulpferde.«
»Na ja, schon, aber ich habe sie doch noch nie geritten.«
»Sind denn da so große Unterschiede von Pferd zu Pferd?«, fragte mein Vater. »Kann ich mir gar nicht vorstellen.«
»Paps!«, sagte ich vorwurfsvoll. Jetzt ritt ich schon so lange und hatte mich immer bemüht, meinen Eltern etwas über Pferde beizubringen, und dann das! »Würdest du vielleicht sagen, dass zwischen einem VW-Käfer und einer Luxuslimousine kein Unterschied besteht?« Man musste immer Beispiele aussuchen, die sie verstanden.
»Natürlich ist da ein Unterschied.«
»Siehst du! Und genauso ist das auch bei Pferden. Jedes Pferd ist irgendwie anders, es gibt keine zwei Gleichen.«
»Hm. Wenn du meinst.«
Wenn du meinst! Aber was konnte man schon von einem Menschen erwarten, der sich den ganzen Tag um Klebstoffe und Leime und solches Zeug kümmern muss!

»Du wirst sie doch sicherlich morgen noch reiten?«, fragte meine Mutter. Sie hat irgendwie mehr Begabung für Pferde und Reiterei.
»Ja, schon. Um zwei springen Lisa und ich und dann reiten wir bei der normalen Dressurstunde mit. Aber trotzdem. Mir ist ganz schön mulmig zumute.«
»Jetzt warte erst mal ab, wie sie morgen geht. Vielleicht klappt es ja gut.«
Na, hoffentlich!

Es klappte mäßig. In der Springstunde ging es noch einigermaßen, obwohl Star ziemlich heftig war. In der Dressurstunde hatte ich dann den Eindruck, überhaupt nicht mit ihr zurechtzukommen. Sie war so anders als Westwind.
Vor allem hatte sie unglaublich schwungvolle Gänge. Als ich das erste Mal antrabte, hatte ich ein Gefühl wie auf einem Kamel im Schwebetrab. Erst nach einer Weile gewöhnte ich mich halbwegs daran. Aber immer wieder riss sie den Kopf hoch und sperrte sich.
»Du musst viel weicher in der Hand sein«, erklärte Fichte.
Noch weicher? Westwind war das Schulpferd mit dem empfindlichsten Maul, aber der machte so etwas nicht bei mir.

»Du meinst vielleicht, dass du bei Westwind schon eine weiche Hand brauchst, und das stimmt auch«, kam es prompt von Fichte – konnte er meine Gedanken lesen? »Aber Westwind ist ein Schulpferd und im Vergleich mit Star doch ein bisschen abgestumpft. Du musst sie wie ein rohes Ei behandeln.« Das versuchte ich. Tatsächlich wurde es allmählich besser. Aber am Ende der Stunde war ich noch lange nicht zufrieden.

Fichte stand neben mir, als ich abstieg.

»Bring sie erst mal in den Stall. Wenn du Zeit hast, kannst du heute Abend nach der Stunde noch ein bisschen üben.«

»Danke, das geht bestimmt. Ich müsste nur kurz daheim anrufen und Bescheid sagen.«

Fichte gab mir den Schlüssel für das Telefon, und ich erklärte meiner Mutter, dass ich heute wieder etwas später kommen würde, weil ich Star noch mal reiten sollte.

Nachmittags kümmerte ich mich um Westwind. Fichte zeigte mir, wie der Verband gewechselt wurde, und ließ es mich dann selbst versuchen. Das Bein kam mir schon wieder dünner vor als gestern, aber eine Schwellung war noch deutlich zu erkennen.

Am Abend klappte es mit Star sehr viel besser. Ich hatte mittlerweile über meine Fehler nachgedacht und mir einiges überlegt, was ich anders machen wollte.

Star ging jetzt ruhiger und gleichmäßiger und machte einen zufriedenen Eindruck.

Fichte baute uns ein Hindernis auf, über das wir ein paar Mal sprangen. Auch das klappte besser. Als ich schließlich abstieg, war ich etwas hoffnungsvoller als am Nachmittag. Ich holte Johnny von der Zuschauertribüne, von wo aus er mir zugesehen hatte, versorgte Star und radelte ziemlich kaputt nach Hause. Alle fünf Minuten dachte ich: Morgen um diese Zeit weiß ich, ob ich es geschafft habe oder nicht.

Klappt nichts?

Am nächsten Morgen war ich um fünf Uhr wach. Furchtbar! So viel Zeit lag noch vor der Prüfung! Um halb sechs stand ich auf und ging mit Johnny spazieren. Johnny war – egal, um welche Uhrzeit – immer für einen Spaziergang zu haben. Als ich zurückkam, war es sieben Uhr. Entsetzlich! Die Zeit verging überhaupt nicht. Immer noch drei Stunden bis zur Prüfung.

Ich nahm ein Buch, in dem Fragen für die theoretische Prüfung beim Abzeichen standen, und las ein bisschen. Aber ich konnte alle Antworten auswendig – ich hatte sie letzte Woche schon auswendig gewusst.

Um acht Uhr frühstückte ich. Meine Eltern schliefen noch, ich wollte sie nicht wecken. Da ich nur ein paar Cornflakes aß, war ich in einer Viertelstunde fertig.

Kam schon was im Fernsehen? Nichts Gescheites. Schließlich nahm ich mir einen Roman und las noch eine halbe Stunde, dann zog ich mich an und fuhr zum Stall.

Johnny musste heute zu Hause bleiben. Er sah mir fassungslos nach, als ich ihn verließ und er nicht mitdurfte.

Im Stall war ich die Erste. Ich putzte Star, obwohl sie sowieso sauber war. Die anderen trudelten innerhalb der nächsten Viertelstunde ein und putzten ihre Pferde ebenfalls.

Fichte war auch da und versuchte, lockere Sprüche zu reißen, um uns zu beruhigen, doch das half alles nichts.

»Satteln und abreiten!«, rief er endlich.

Die Warterei war zu Ende.

»Na denn«, meinte ich ergeben, machte Star fertig und brachte sie auf den Außenreitplatz.

Beim Aufsteigen war ich total nervös, aber nach ein paar Runden legte sich das einigermaßen. Star war brav, sie ging besser als gestern, ich würde mir Mühe geben und mich nicht aufregen. Denn wenn ich mich aufregte, würde ich bloß alles vergessen oder falsch machen. Stattdessen würde ich mich einfach konzentrieren und mich anstrengen.
Basta!
Fichte kam und gab letzte Hinweise. Punkt zehn Uhr kamen die beiden Richter. Eine ältere Frau und ein älterer Herr. Ich suchte in ihren Gesichtern nach irgendwelchen Anzeichen von gnadenloser Gutmütigkeit oder beginnender Blindheit, aber sie sahen einfach nur normal aus. Fichte hatte behauptet, es seien sehr gute Richter. Na, hoffentlich.
Jetzt ging er zu den Richtern hinüber und alle drei verschwanden aus unserem Blickfeld.
Wenig später kam Fichte zurück. Und dann sprach er die magischen Worte.
»So, es geht los. Simone, kommst du?«
Simone nickte mit blassem Gesicht und ritt mit Hamlet in die Halle. Das Tor schloss sich hinter ihr. Wir anderen starrten noch eine ganze Weile stumm auf das geschlossene Tor.
Ich sollte als Dritte an die Reihe kommen – wenigstens nicht als Letzte. Dann hätte ich noch länger warten müssen.

Die Zeit war schnell um. Simone kam heraus. Corinna ritt hinein. Auf Simones Gesicht war nichts abzulesen.
»Und? Wie war's?«, fragte jeder sofort.
»Na ja. Nicht berühmt, aber ganz anständig.«
»Weißt du deine Note?«
»Nein, sie haben nichts gesagt.«
Es wurde Zeit für mich zum Tor zu reiten. Corinna musste bald fertig sein und wir sollten zügig nacheinander einreiten.
»Komm, Star. Packen wir's an. Ich gebe mir Mühe, gib du dir auch welche. Ich will es dir ja nicht ewig vorhalten, aber denke daran, wer dir geholfen hat, als du Kolik hattest.«
Und dann stand ich vor dem Tor und wartete. Um mich herum immer wieder Leute, immer wieder mal ein Zuruf: »Viel Glück!«
Das Tor ging auf. Corinna kam heraus. Ich sah sie an. Sie wiegte den Kopf leicht hin und her und nickte dann recht zufrieden.
Auf leichten Schenkeldruck setzte sich Star in Schritt. Wir ritten in die Halle.
Die Halle sah so anders aus, wenn man vom Außentor hineinritt und sie völlig leer war. Auf der Tribüne ein paar Zuschauer. Auch das noch!
Liebe Richter, bitte schicken Sie die Leute weg, ich mag das nicht.

Vierzig Meter entfernt das Richterhäuschen mit den beiden Richtern. Ich konnte sie mehr ahnen als sehen, da das Glas spiegelte.

Star sah sich um. Ich tat so, als wäre alles wie immer, trieb sie in Trab und ritt auf den Zirkel. Erst ging sie etwas zögernd, dann aber beachtete sie die Umgebung nicht mehr, konzentrierte sich auf mich und ging besser.

Die Aufgabe begann.

Kein Grund zur Panik, Sabrina, du kannst das alles. Reiß dich zusammen, konzentriere dich und streng dich an.

Es lief gut. Star ging wunderbar, genau wie Fichte gesagt hatte. Ich konzentrierte mich auf meinen Sitz und darauf, dass ich alle Bahnpunkte genau anritt und alle Figuren genau ausritt. Das erste Angaloppieren war nicht optimal, weil ich die Hilfen zu kräftig gab und Star etwas heftig ansprang, aber sonst lief es gut.

Als ich wieder auf die Mittellinie ritt, durchparierte und es endlich hieß: »Zügel aus der Hand kauen lassen«, da wäre ich Star am liebsten um den Hals gefallen.

Die Springprüfung, vor der ich weit mehr Angst gehabt hatte, war für den Moment aus meinem Kopf verschwunden. Ich klopfte Star ewig lange den Hals und strahlte, als ich hinausritt.

»Und, wie war's?«, fragte Martina, die mit Granada draußen stand.

»Recht gut, glaube ich.«

Nur nicht übertreiben, vielleicht war ich doch ganz furchtbar geritten, hatte irgendeinen blöden Fehler nicht bemerkt oder was auch immer und bekam bloß eine 4,5 oder so.

Martina verschwand in der Halle. Ich ritt auf den Platz und ließ Star am langen Zügel noch ein bisschen verschnaufen.

Tini, die auf der Zuschauertribüne gesessen hatte, kam zu uns heraus.

»Das war prima!«, rief sie mir zu.

»Meinst du?«

»Ja! Super!«

Wenn Tini das sagte, dann stimmte es vielleicht wirklich?

Wir stellten uns alle nicht schlecht an bei der Dressurprüfung. Bloß Miriam hatte Bedenken, weil Piggy so abartig langsam geschlichen war.

»Ich habe getrieben wie eine Blöde, aber dieses Faultier ist stur sein Tempo weitergegangen. Zum Verzweifeln!«

»Fichte hat den Richtern bestimmt gesagt, dass Piggy ein schwieriger Fall ist, und die sind schließlich nicht blind. Wenn die Piggy sehen, ist der Fall doch klar. Er hat seinen Namen ja nicht umsonst.«

»Und was mache ich in der Springprüfung? Der fällt doch mitten im Flug über dem Sprung wie ein Sack zu Boden, weil er zu wenig Schwung hat.«

Trotz unserer Anspannung mussten wir bei der Vorstellung kichern. Aber nicht lange, denn schon kam Fichte an. »Kurzer Programmwechsel, Leute. Wir machen jetzt die Theorie, dann kurze Mittagspause und dann die Springprüfung.«

»Was? Aber wir sollten doch gleich springen?« Jeder wollte es möglichst schnell hinter sich bringen.

»Genau, eine Pause brauchen wir gar nicht.«

»Ihr nicht, aber die Richter. Oder wollt ihr, dass sie euch schlechter bewerten, weil ihnen der Magen knurrt und sie deshalb schlecht gelaunt sind?«

»O nein!«, stöhnte ich. »Bin ich froh, wenn der Tag vorbei ist!«

Also brachten wir die Pferde in den Stall. Und schon pickten sich die Richter die ersten drei von uns raus, um mit ihnen in einer Ecke zu verschwinden und sie zu befragen.

Ich bürstete Star ein wenig über. »Liebste Star, ich möchte dir schon mal danken, dass du in der Dressur so super gegangen bist, aber es ist noch nicht vorbei. Jetzt kommt noch die Springprüfung und ich bitte dich, wieder so lieb zu sein. Du musst nur einmal über den Parcours gehen, dann ist es geschafft. Aber bitte, bleib nicht stehen, rase nicht

wie eine Gestörte und sieh zu, dass du keinen Sprung reißt, denn das wird mir von meiner Note abgezogen. Du bekommst auch viele Möhren und Äpfel anschließend und ich verspreche dir hoch und heilig, dass ich dir jeden Tag, an dem ich hierher komme, eine Möhre oder so was mitbringe. Was sagst du dazu?« Star sagte nichts dazu. Aber das hatte ich auch nicht anders erwartet.
»Sabrina, Corinna, Andrea!«
Mit flauem Magen verließ ich Stars Box und ging zu den Richtern. Neben mir Andrea und Corinna.
»Ich komme mir vor wie auf dem Weg zum Henker«, flüsterte Andrea.
»Wir sind auf dem Weg zum Henker«, flüsterte ich zurück.
»Reißt euch zusammen und seid nett zu den Richtern! Immer lächeln«, flüsterte Corinna.
Die Richter vergewisserten sich erst, wer wer war. Dann brachte Fichte seinen Denny an. Die Richter fragten uns nach verschiedenen Körperteilen, der Anzahl der Zähne und ein paar allgemeinen Sachen. Das wussten wir alles. Dann fragten sie über Krankheiten. Andrea sollte ihnen etwas über die Gewährsmängel erzählen, Corinna fragten sie nach Kreuzverschlag und mich nach – Kolik! Ich ratterte alles runter, was ich wusste. Danach waren wir fertig und konnten gehen.

»Ich glaube, da brauchen wir uns keine Sorgen zu machen«, meinte Corinna, als wir entlassen waren.
»Nö«, stimmte ich zu.
»Du am allerwenigsten«, sagte Andrea und lachte. »Bei der Kolik konntest du dich ja kaum noch bremsen.«
»Na ja, es ist komisch: Was man nicht aus Büchern lernt, sondern im richtigen Leben, so wie mit Star, das kann man sich viel leichter merken.«
»Kann schon sein. Aber ob ich jemals alle Gewährsmängel zu Gesicht bekommen werde?«
Nach der Theorie war eine halbe Stunde Mittagspause angesetzt. Ein paar von uns hatten sich Brote mitgebracht, aber mir war dank der bevorstehenden Springprüfung der Appetit vergangen. Obwohl ich mir ständig einredete, dass ich keinen Grund hatte so nervös zu sein. Star war gestern Abend doch recht gut gesprungen und vorhin war sie wirklich gut gegangen.
Na eben! Zu gut! Jetzt kam bestimmt der große Knall. Dreimal verweigern vielleicht – oder alle Hindernisse reißen. Vielleicht verritt ich mich auch mal wieder – Vermerk der Richter: Hilflos irrte die Teilnehmerin im Parcours umher.
Während der Pause wurden die Hindernisse aufgebaut. Für jemanden, der gern sprang, waren sie sicherlich einladend. Für mich leider nicht.

Über diese Häuser sollten wir springen? Waren die Hindernisse, die wir bisher gesprungen hatten, nicht immer viel niedriger gewesen? Kleine, harmlose Cavaletti?

Fichte wies uns an, die Pferde fertig zu machen und abzureiten. Also sattelte ich Star wieder.

Unser Reitlehrer hatte uns zwei Übungssprünge aufgebaut, über die wir der Reihe nach sprangen.

Und dann war es wieder soweit. Gleiche Reihenfolge wie heute Vormittag: Simone fing an. Hamlet hatte den Übungssprung verweigert und Simone war davon verständlicherweise wenig begeistert gewesen. Aber vielleicht war das auch gut so, denn sie würde jetzt im Parcours sicherlich keine Sekunde nachlässig sein.

Es dauerte nicht lange, bis sie wieder herauskam, von einem Ohr zum anderen strahlend. Da musste man wohl nicht erst fragen. Corinna ritt hinein und ich ritt mit Star schon zum Tor. Jetzt bloß nicht mehr aufregen, gleich würde ich es hinter mir haben. Möglicherweise schon in fünf Minuten. Und was waren fünf Minuten! Ein Klacks! Fünf Minuten lang würde ich mich jetzt zusammenreißen und anstrengen. Ich würde mich auf den Parcours konzentrieren, auf meinen Sitz und auf Star und sonst gar nichts. Sie konnte es und ich konnte es auch. Meistens jedenfalls.

Das Tor zur Hölle öffnete sich und Corinna kam heraus.

»Und?«

»Gut, denke ich. Viel Glück! Und nicht aufregen, ist gar nicht schlimm!«

Klar, sie hatte es ja hinter sich. Ich dagegen wäre jetzt lieber zum Zahnarzt gegangen und das soll etwas heißen.

Mit mulmigem Gefühl ritt ich hinein. Star zögerte ein wenig, weil plötzlich die Halle so verändert aussah, doch als ich energisch antrieb, ging sie brav weiter. Ich trabte eine Runde, ging wieder Schritt, dann ertönte der Gong. Na denn!

Ich atmete tief durch, konzentrierte mich und gab Star die Hilfen zum Angaloppieren. Sie sprang sofort an, ging willig auf den ersten Sprung zu und setzte brav darüber. Also, worüber regte ich mich auf! An Star würde es nicht scheitern.

Auch die nächsten Sprünge nahm sie brav, doch als ich auf den Steilsprung zuritt, hatte ich plötzlich das Gefühl falsch zu sein. Ich zögerte. Sollte ich nicht woanders hinreiten? Ich hatte plötzlich ein Brett vor dem Kopf. Im letzten Augenblick sah ich wieder klar – natürlich war ich richtig! Allerdings kam Star jetzt etwas langsam und ungünstig an den Sprung heran. Ich trieb noch mal energisch und sie sprang auch, aber die Stange fiel.

Jetzt nur nicht aufregen! Kein Grund zur Panik! Das gab lediglich einen kleinen Punktabzug. Und so, wie ich bisher geritten war, würde das sicherlich nicht viel ausmachen. Trotzdem war das Gefühl in meinem Magen noch flauer als vorhin, der Schwung nach den ersten, gelungenen Sprüngen war weg. Reiß dich zusammen!, sagte ich mir zum zweihundertachtundsechzigsten Mal für heute. Nur noch drei Sprünge!

Beim nächsten Sprung war Star noch unsicher, wegen eben vermutlich, aber sie sprang brav, und die letzten beiden Sprünge waren dann wieder flüssig. Ich ritt durchs Ziel, parierte sie durch und fing, glaube ich, erst jetzt wieder an zu atmen. Dankbar klopfte ich Star den Hals.

»Du bist ein ganz liebes Pferd«, flüsterte ich, leicht vornübergebeugt.

Unglaublich erleichtert ritt ich hinaus. Ich hatte es hinter mir. Bloß: Hatte ich es auch geschafft? Oder hatte ich vielleicht mit dem misslungenen Sprung meine Stilnote ruiniert?

Ach was, das konnte nicht sein. Es war doch gut gelaufen!

»Und? Wie war's?«, fragte Corinna.

»Nicht schlecht, bloß ein Hindernis haben wir gerissen. War aber mein Fehler. Ich dachte plötzlich, ich hätte mich verritten. Totaler Blackout.«

»Ach, das macht doch nichts, ein Sprung! Wir haben es bestimmt beide geschafft.«

Anne kam kurz darauf zu uns. Sie war gerade gesprungen und sehr zufrieden mit Lilifee. »Sie ist einfach mehr Spring- als Dressurpferd. Na ja, vielleicht liegt es auch daran, dass ich selbst lieber springe.« Sie grinste.

Wir ritten unsere Pferde trocken und brachten sie schon in den Stall, während der vorletzte Reiter, Stefan mit Sahara, gerade in die Halle ritt.

»Fehlt nur noch Piggy, oder?«, fragte ich.

»Ja, den möchte ich gern sehen«, erwiderte Anne.

»Dann beeilt euch mal! Ihr wisst ja, wie schnell Sahara so einen Parcours hinter sich bringt.«

Wir sattelten und trensten nur schnell ab und entschlossen uns, die Pferde nachher gründlich zu versorgen. Dann flitzten wir zur Zuschauertribüne. Sahara fegte gerade im üblichen Tempo über den letzten Sprung. Stefan parierte durch, klopfte sie und grinste zufrieden zu uns hoch.

»Wie ging es den anderen?«, fragten wir Tini leise.

»Im Großen und Ganzen gut. Aber was hast du denn bei dem einen Sprung gemacht?«, wandte sie sich an mich.

»Ach, blöder Fehler. Ich dachte, ich wäre falsch. Ich kann mir einfach keinen Parcours merken. Na ja, ich weiß schon, warum ich so ungern springe.«

»Piggy kommt!«, zischte Corinna.
Piggy! Das konnte spannend werden.
Miriam ritt ein, knallrot vor Anstrengung, eben wie immer auf Piggy. Draußen war er zweimal stehen geblieben und ansonsten, um es höflich auszudrücken, sehr »zögernd« gegangen. Kein Vergleich mit Star, die mit äußerster Feinheit angefasst werden musste und auf den leichtesten Schenkeldruck reagierte.
Der Gong ertönte. Miriam gab Piggy schon eine halbe Seite früher die Hilfen zum Angaloppieren, weil sie gewohnheitsmäßig damit rechnete, dass es noch ein paar Meter dauern würde, bis er endlich ansprang.
Aber Piggy hatte plötzlich eine wundersame Wandlung durchgemacht. Vielleicht hatte er sich überlegt, wie er alle mal so richtig überraschen könnte – mit einer Tat, die ihm auf alle Zeit Ruhm und Ehre sicherte, sodass man auch noch längst nach seinem Ableben davon reden würde.
Jedenfalls galoppierte er sofort an. Mit einem für seine Verhältnisse beinahe halsbrecherischen Tempo zog er das erste Hindernis an, sprang in hohem Bogen und blieb anschließend nicht einmal stehen. Flott galoppierte er weiter und nahm flüssig und in vollendeter Manier einen Sprung nach dem anderen. Auch nach dem letzten Sprung knallte er nicht

die gewohnte Vollbremsung hin, sondern lief noch ein gutes Stück weiter.

Miriam war so perplex wie wir alle. Fassungslos ließ sie Piggy die Zügel lang und klopfte seinen Hals. Sie blickte ratlos zu uns herauf und wir sahen ratlos hinunter.

»Habt ihr das gesehen?«, fragte Anne.

»Jemand muss ihn gedopt haben«, meinte ich.

Wir verließen die Tribüne und gingen hinaus auf den Platz, wo Miriam Piggy noch trockenritt.

Das mit dem Doping konnte nicht stimmen. Jetzt latschte Piggy genauso lahm durch die Gegend wie immer.

»Was hast du mit ihm gemacht?«, rief Tini.

»Frag mich nicht. Es muss wohl seine Eitelkeit gewesen sein. Jedenfalls ist er das beste Springpferd der Welt. Wenn er will, zumindest«, schränkte sie die doch etwas kühne Bemerkung ein.

Eine Viertelstunde später war der große Augenblick da. Wir standen alle im Richterhäuschen, dicht gedrängt, und warteten auf unser Urteil.

»Also, zunächst einmal«, begann die Richterin, »möchte ich euch beruhigen und vor allem beglückwünschen: Alle haben bestanden.«

Höflicherweise machte sie eine kleine Pause, damit wir kurz jubeln und uns um den Hals fallen konnten.

Bestanden. Himmel, was war ich froh! Bestanden! Ich hatte das Reiterabzeichen! Bestanden, bestanden, bestanden!

Wie sympathisch die beiden Richter auf einmal wirkten!

Dann nannte sie die Noten jedes Einzelnen. Ich hatte eine 7,5 in der Dressur, 8,0 in der Theorie und 5,5 im Springen. Damit war ich mehr als zufrieden. In der Dressur war ich sogar die Beste. Ich war völlig aufgelöst.

Die Beste im Springen war übrigens Miriam. Mit einer 7,9!

Anschließend bekamen wir unsere Abzeichen verliehen. Wir strahlten alle vor Stolz und konnten es kaum fassen.

Endlich versorgten wir unsere Pferde, heute verständlicherweise besonders gründlich.

Nicht, dass wir sie sonst schlecht versorgen würden, nein – aber heute gaben wir uns ganz besonders viel Mühe. Jedes Pferd wurde gelobt und gestreichelt und aus allen Richtungen kamen Möhren, Äpfel, Brot und sogar Bananen. Geschält, versteht sich.

Dann setzten wir uns noch ein wenig zusammen und feierten.

Gegen halb sechs verabschiedete ich mich.

»Willst du schon gehen?«

»Ja, ich muss noch ein bisschen mit Johnny spazieren gehen, den habe ich heute kaum gesehen.«
Wie selbstverständlich das plötzlich für mich war!
»Warte, ich komme mit! Micky kann auch noch einen Spaziergang vertragen.« Corinna sprang auf und folgte mir.
Wenig später radelten wir nebeneinanderher.
»Fahren wir schnell bei mir vorbei und holen Micky, okay?«
»Klar. Und was hältst du von einem Bad im See?«
»Noch besser! Genau das Richtige nach so einem heißen Tag.«
»Mensch, bin ich froh, dass wir das geschafft haben! Ich kann es immer noch nicht glauben.«
»Ich auch nicht. Stell dir nur vor, wie entspannt wir jetzt wieder reiten können, ohne diesen Druck.«
»Apropos Druck: Wollten wir nicht am Herbstturnier teilnehmen?«
»Ach ja. Wir könnten morgen Fichte fragen.«
»Aber eines sage ich dir gleich: Ich reite nur Dressur. Nie wieder Springen!«

Wir retten Sarah!

Das steht fest, als Sunny und Corinna erfahren, dass ihr geliebtes Pflegepferd verkauft werden soll, und das nur wegen einem Husten! Sunny und Corinna setzen alle Hebel in Bewegung, um Sarah behalten zu können, und sie finden einen Ausweg. Doch dann verschlechtert sich Sarahs Zustand...

**Dietlind Schmidtke:
Doppelter Einsatz für Sarah.**

160 Seiten. Ab 12 Jahren.

**Ensslin-Verlag, Postfach 1532,
D-72705 Reutlingen.**

Karottenmillionär

… das ist der Traumjob von dem Hannoveraner-Hengst Billy. Denn dann bräuchte er nicht mehr auf Turniere gehen. Damit seine Reiterin und auch alle anderen Pferdefreunde endlich erfahren, was in einem Pferdekopf so vor sich geht, hat Billy dieses Buch geschrieben – und er schwört: Jede Zeile darin ist wahr!

**Harriet Buchheit:
Billy und Cheyenne**

160 Seiten. Ab 10 Jahren.

**Ensslin-Verlag, Postfach 1532,
D-72705 Reutlingen.**